ALEXANDER McQUEEN

FASHION VISIONARY

英｜朱迪斯·沃特＝著

Judith Watt

邓 悦现 ＝ 译

重庆大学
出版社

亚 历 山 大 · 麦 昆

序

每次想起亚历山大·麦昆，我的眼前总是浮现出他的笑容。在我们一起度过的时光里，他不是前卫的设计师，也不是才华横溢的天才，他只是李，我的知己，我的支持者，我忠实的朋友。而他身体里不断跳动着的脉搏也时时提醒我，在这个安静、深思的人的灵魂深处，其实住着一个艺术家。李的想象力从不休假，从不减弱；他从身边的一切事物中汲取灵感；他不仅对于自己的盎格鲁—苏格兰祖先的文化充满了热情，也对其他文化、艺术和音乐，以及最重要的——人，充满了浓厚的兴趣。他能看穿人的本质，捕捉他们的纠结和复杂，拥抱他们。他热爱女性，真心宠爱她们——不仅是因为她们雕塑般的美丽，也是因为她们的脆弱与力量，她们心中的邪恶与成就。我总是觉得，当李注视着你的时候，他能在瞬间看穿你的弱点与本性。在我们的每一次合作中，只有当他暂停下来，能够在心中默默描绘出你真实的样子时，他才会开始构思自己将要设计些什么。亚历山大·麦昆是我们这个时代的设计师，但实际上，他早已跳脱到这个时代之外。他被看作是时尚届的宠儿，充满了反叛意识和先锋精神。他具有时尚中人的一切特质，却又不能被归为任何一类，因为，他是一个艺术家。他是建筑师也是手工艺人，对于创意有着贪得无厌的胃口。如果他当初选择了绘画或是木工，而不是布料，我真心相信他一定可以成为行业中的大师，用对待时装那样带有挑战性的、全心全意的方式，颠覆同行的信条。这很可能发生，亚历山大·麦昆会像征服时尚界一样，在其他什么领域留下自己的个人烙印。这是绘画界的损失也是时尚界的幸事，因此，我也很庆幸自己是时尚界的一份子。

*　达芙妮·吉尼斯（Daphne Guinness）

前言

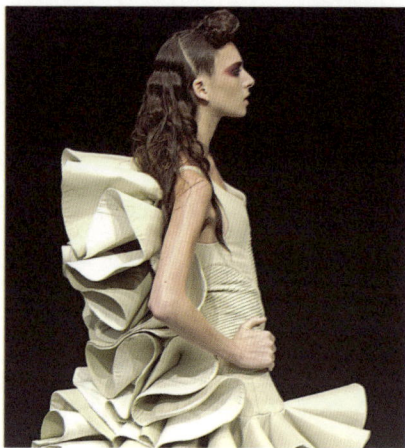

麦昆做了一件时尚界少有的事——他在 20 世纪 90 年代初期引进了一些新鲜事物,在透明的女性主义流行太久而遭到厌弃时,他带来了超低腰露臀裤,并成为高街流行;他重新唤起人们对女装裁剪手艺的热爱,而当时这种手艺已经被忽视了很久;他带来了礼服外套;将男装的风格不露痕迹地融入女装;最重要的是,他尝试不同的廓形,自信地玩弄比例,将重点从腰部移开,填充臀部,沿着身体螺旋剪裁。

在纪梵希(Givenchy)工作时,麦昆带去了自己那反叛和挑战的视野。这样的视野源起于伦敦东区的街道,充满了历史的积淀与想象力的驰骋,与伦敦的同性恋亚文化也颇有渊源——麦昆与伦敦亚文化领军人物雷夫·波维瑞(Leigh Bowery¹)曾厮混在一起。他希望成为一个将时尚带入 21 世纪的设计师,并在古驰(Gucci)的团队中实现了这一梦想。接下来就是风驰电掣的旅程,他不仅让人们看到了女人应该如何穿衣——充满力量、令人敬畏、富有性别魅力——也让人们看到了时尚应该是什么样的——层层叠叠、充满视觉冲击力,像是一个表达出黑暗与些许人性光辉的幻觉。他的复杂,他对试验的渴望,他的时尚洞察力,以及他那些传达自己想法的精妙剪裁和高超技巧,让他如此与众不同。

当然,这一切都需要付出代价。在离开纪梵希时,关于麦昆滥用可卡因的报道就已经见诸报端,在他死后,这更是人尽皆知。他还深受抑郁症的折磨,办秀时他情绪高昂,但随之而来的则是低潮和体力透支,这让他的病症更加严重。有没有一种可能性,就是麦昆离开时尚圈,转行做一名摄影记者,或是在大自然中平静地生活?他最后的 3 个系列富有反叛精神,抗议时尚的过度,对地球资源的滥用,以及人类对海洋动植物的破坏。但每个系列都受到了争议。这次他试图表达的是绝望,这也恰恰成为了他这个传奇本身的一部分:时尚圈最伟大的魔术师,创造新事物的大师,一个拥有自己独一无二声音的人。

1. 雷夫·波维瑞出生于 1961 年,1994 年死于艾滋病。20 世纪 80 年代伦敦的亚文化领军人物,他有技巧地利用奇特的设计和颜料、薄纱、亮片、绸缎等材料展示他的身体,他的小丑脸、香肠嘴和让油彩流下来等舞台戏剧化造型,至今仍然影响着大批设计师、导演和舞台艺术家。(译者注)

在他短短的一生中，麦昆从平庸的出身一路走向了万众瞩目的成就。

到了 2004 年，这几乎让麦昆觉得自己像是生活在一只"玻璃盒子"里。一开始，与那些和他拥有差不多反叛精神的一流团队一起工作，创造出震惊舆论的服装系列，能让他觉得快乐一些。但当他登上了时尚的巅峰，获得了大笔资金支持，在巴黎做过无数场秀之后，他却很难快乐起来了。2010 年 2 月，母亲的去世摧毁了麦昆最重要的精神支柱，他在母亲的葬礼前选择了自杀，那一年他才 40 岁。

有 3 位设计师的作品改变了女人们的穿着，并且不断地影响着后世：可可·香奈儿、伊夫·圣·洛朗以及李·亚历山大·麦昆。不仅仅是从时尚的角度，他的服装释放了一个女人所能呈现出更多面貌的可能性。

↑ 李和他的母亲乔伊斯。摄影：张丹（Dan Chung），1998 年刊登于 i-D 杂志。《卫报》（Guardian），这个专题由山姆·泰勒·伍德（Sam Taylor Wood）担任客座编辑，2004 年 4 月 16 日。

↑ 李·麦昆和他的英国斗牛犬 Juicy 玩耍。摄影：德瑞克·桑蒂尼（Derrick Santini），
刊登于 i-D 杂志，1998。

目 录

引 言

↑ 根据蛇皮碎片设计出的蛇纹细节

1969 年 3 月 17 日，当代最伟大的英国时装设计师之一——李·亚历山大·麦昆出生在伦敦南部的刘易舍姆区（Lewisham）。他的父母都是老伦敦人，来自伦敦东区史戴普尼（Stepney）地区，出生在能听见圣玛丽教堂钟声的地方。他的父亲罗纳德（Ronald）是苏格兰人，祖籍在苏格兰的斯凯岛（Isle of Skye），他和家族中其他人一样，是一名伦敦黑色出租车司机，对于首都的历史掌故和地理位置都了然于心。麦昆的母亲乔伊斯（Joyce）做过教师、开过花店，还是一名业余的系谱学家，她的家族起源于英格兰和威尔士交界处的迪恩森林（Forest of Dean）。乔伊斯曾追溯自己的家谱，在祖先中发现了维京人、诺曼人，甚至法国胡格诺教徒。她对于历史和身份的痴迷深深地影响了麦昆，为他打开了一个充满想象力和各种可能性的世界。

麦昆还在襁褓中时，就和三个表姐与两个表哥一起随全家搬进了位于伦敦东部斯特拉斯福德（Stratford）区比戈斯塔福路（Biggerstaff Road）上的一幢公寓楼。麦昆一直记得，他从三岁起就开始在卧室的墙上画画，最得意的是一件灰姑娘式的礼服，还带着裙撑，这让他父亲十分恼火。除了画画和尝试着缝制裙子，他的其他两大爱好包括鸟类和游泳。他加入了"青年鸟类学者俱乐部"，常常去公寓楼顶观鸟，沉迷于隼类在高空翱翔和捕食时的美感与自由。鸟类飞行时的剪影为他后来的设计方式带来了灵感——他总是先看身体的侧面，把臀部当成长着短短羽毛的尾巴。就像所有的好设计师一样，麦昆有着敏锐卓绝的空间感。实际上，19 世纪英国时尚届最棒的裁剪师之一奥西尔·克拉克（Ossie Clark）和麦昆有着差不多的背景——他原本是一名建筑工人。

作为一个双鱼座，麦昆对于水也有着极大的热情。他很快就成为了一个游泳好手，并加入了当地的花样游泳训练班。班上有 40 个女孩，他是唯一的男孩。但麦昆很享受穿着草裙参加演出，还把自己形容为"家族里的粉色绵羊[1]"。在这样一个由鸟类和裙子组成的美妙世界中，小

麦昆生活得如鱼得水。"我一直，一直都想成为一个设计师。12岁时我就开始读时尚类的书了。我熟知设计师们的职业生涯。我知道乔治·阿玛尼曾干过橱窗布置，以及翁加罗（Ungaro[1]）曾是个裁缝。"[1]

同时，他在当地洛克比（Rokeby）男童综合学校的学习断断续续，学校的报告中还称，麦昆的注意力有问题。当时，注意力缺失症和读写困难症一样，常常被当作顽皮，或者更糟——愚蠢。然而麦昆绝不能被称为愚蠢，他不仅热爱阅读，对于图形的感知也极其敏锐。尽管不是科班出身，但他的视觉创造能力却是一流的——这正是一个设计师最宝贵的天赋。

1997年，《每日邮报》（*Daily Mail*）第一次把麦昆称为"时尚界坏小子"，麦昆的母亲对此大为不满。对于自己的孩子，她一直实行"不责骂政策"。"他在我们家里从来没有被骂过，我不会允许有人骂他，我自己也不会。"她坚持说。[2] 有这样一个无条件支持和鼓励他的母亲，让他不受家庭背景的限制、按照自己的理想自由发展，麦昆实在是很幸运。"在伦敦一个工人阶级家庭，你要做的就是赚钱回家。而艺术道路，从来都不是一条保险的道路。但我坚决反对这一点。我想，我不会像大多数人那样做。我不会结婚，住在一幢两层小楼里，当一个该死的黑色出租车驾驶员。"麦昆在1999年对《女性时装日报》（*Women's Wear Daily*）这样说。[3]

1. 伊曼纽尔·温加罗（Emanuel Ungaro，1933—　）20世纪中叶的著名意大利裔设计师。典型的Ungaro系列是波尔卡圆点、斑马条纹、苏格兰方块和艳丽花朵的自由组合。（译者注）

↑　为菲利普·崔西制作的野鸡羽毛帽子。

后页图　大约在1993年，麦昆把这张宝丽莱自拍照送给了西蒙·科斯廷。照片中麦昆的脸缠满了胶带。照片中的乌鸦骨头和黑色蕾丝项链上装饰着串珠，设计者正是西蒙·科斯廷——而这串项链也被麦昆用在了1992年3月他的中央圣马丁时装硕士课程毕业大秀上

从萨维尔巷到中央圣马丁学院

16 岁的时候，李·麦昆中学毕业，进了伦敦当地的一所专科学校，课余时间在酒吧里靠擦杯子赚钱。1985 年，麦昆的妈妈乔伊斯在电视节目上看到萨维尔巷正缺学徒，就建议麦昆去试试。不久之后，他就成为了安德森与谢泼德裁缝服装店（Anderson & Sheppard）的一名学徒。那里一向喜欢招收没上过大学的年轻人，因为他们比较好培训。这家店位于萨维尔巷 30 号，也许算得上是那一带最有名的一家。他们拥有英国王室供货许可证，负责给威尔士亲王查尔斯王子缝制服装。但这里的衣服不是当地艺术学院毕业的设计师统治的领土，从不制作那些挑战性别界限、传统廓型，就像是华丽戏服的衣服——也就是说，这家店跟伦敦的时尚没什么关系。

时尚编辑萨莉·布兰普顿（Sally Brampton）写道："这是'伦敦特有的现象'，英国人特别擅长统治一个只存在于自己的脑海与记忆中的世界。"[1] 伦敦的年轻设计师们个个离经叛道，他们的时尚灵感都来自同性恋和俱乐部之类的亚文化，认定了巴黎高级定制服装是过时的老古董。麦昆就是他们的追随者，但他与众不同之处在于，他接受过传统定制服装的裁缝训练，这些技巧让他能完美实现自己的灵感，并在 20 世纪 90 年代早期从同辈人中脱颖而出。

从 1985—1987 年，他潜心学习剪裁和缝纫，花了两年半的时间就能够独立制作一件双排扣外套，而一般人都要花上三年。他第一天到安德森与谢泼德裁缝服装店，就拿到了一套古老的裁缝工具——一个顶针和一把剪刀。这也代表着典型的英伦男装制作。"伦敦之于男人，正如巴黎之于女人。"《名利场》（*Vanity Fair*）杂志在 1926 年就这么说。[2]

到了 1992 年，麦昆加入了史密斯和派（Smith & Pye）时尚咨询公司。他告诉爱丽丝·史密斯（Alice Smith），他的工作由三件东西组成：剪裁、比例和色彩。他正是在萨维尔巷学会了这些。[3]2004 年麦昆男装线重新成立的时候，他又告诉 *GQ* 杂志："我来自萨维尔巷。我 16 岁那年学会的一点就是，如果你想要改变男装，那就要像一个建筑师一样，

← 麦昆毕业后的第二场秀，1994 年秋冬系列"虚无主义"（Nihilism），在国王路蓝鸟车库酒吧举行。在超低腰露臀裤和灰色丝绸／羊毛双排扣外套组成的套装中，麦昆再次玩起了夸张的比例，视觉延长了人体的上半身，缩短了腿部。他的外套和长裤剪裁技巧，分别是在安德森和谢泼德裁缝店做学徒与在吉布斯和霍克斯裁缝店帮工期间习得的，这两家都是萨维尔巷的金字招牌。麦昆对于双排扣外套的热爱，很显然是在服装供应商伯曼和纳森以及立野浩二工作室里培养起来的。至于将露出骨盆作为性感标志的想法，则是麦昆自己的原创。

专注于剪裁和比例。你不能（为了反抗传统），让男人穿上连体衣一样的东西。我以前犯过这样的错误，并从中学到了很多。如果你想打破规则，就得先学习规则。这就是我的目的：打破规则，但保留传统。你得在以前的基础上有所发展，我们不能一直停留在20世纪30年代的英国，整天缝制格纹西装，卖给周末要去打猎的人们。面对现实吧。"[4]

安德森与谢泼德裁缝服装店最早是由彼得·皮尔·古斯塔夫·安德森（Peter "Per" Gustaf Anderson）在1906年建立的，西德尼·霍雷肖·谢泼德（Sidney Horaio Sheppard）在1909年加入。不同于当时很多会给军队做衣服的裁缝，他们是只给老百姓做衣服的"民间裁缝"。这些裁缝们的技艺随着历史的演变而逐渐精纯，而最初的发源则要推演到19世纪初。[5]1979年法国大革命之后兴起的民主和自由思潮，催生出了弗劳格尔（J.C. Flugel[1]）所说的"男性气质的大消退"，男装不再被用来展示和炫耀，改良英伦骑装的低调与朴实几乎成为了美德。男装上不再有多余的装饰，贴身剪裁的廓型才是最重要的，而羊毛也取代了丝绸。合身剪裁之中所存在的美感取得了绝妙的平衡。低调和高超的裁缝技巧，预示着未来许多年中英伦服装的关键所在。

这家服装店的专长是"伦敦剪裁"——这种技巧主要用于制作垂坠外套，由布兰特（Bryant）服装店的裁缝师傅佛莱德里克·斯科特（Frederick Scholte）改进而来。斯科特从1919年开始担任威尔士亲王的裁缝，后来还给爱德华八世和温莎公爵做过衣服。他曾拒绝给弗雷德·阿斯泰尔（Fred Astaire[2]）之类的娱乐明星做衣服，于是那些人就穿过萨维尔巷，找来了安德森与谢泼德裁缝服装店，因为这里比较欢迎形形色色的顾客。这里的"伦敦剪裁"走的是比较温和的路线，肩膀的宽度和腰部都很现代，很能衬托人，显然受到了一些美式风格的影响。安德森与谢泼德制作的垂坠外套和夹克，因为面料不是那么紧身，就会从锁骨

1. 弗劳格尔（1884—1955），弗洛伊德派心理学家和服装理论专家。（译者注）
2. 弗雷德·阿斯泰尔（1899—1987），美国著名电影演员、舞蹈家、舞台剧演员、编剧、歌手。（译者注）

如 果 你 对 某 件 事 情

没 有 热 情 ，

那 你 从 一 开 始 就 不 该

去 做 这 件 事 情 。

★

亚 历 山 大 · 麦 昆

前页图　麦昆的 2003 年春夏系列中的牡蛎裙。与立野浩二一样，麦昆也钟爱器官样式的设计，这条裙子由象牙色的丝绸层层堆叠而成，就像是牡蛎壳上堆叠的褶边。摄影：兰金（Rankin）

处开始垂坠下来，形成柔软的垂直的涟漪。至今，那里的外套都不加垫肩，显露出穿着者自己的身材，袖子的上半部很宽松，可以令人自由活动；袖筒也比较小，位置比较高，防止衣服在举起胳膊时会往上跑。

李·麦昆给公司里最好的外套师傅之一——资深的裁缝康纳利斯·肯·欧卡拉汉（Cornelius "Con" O'Callaghan）做学徒，尽管他是一个极其严格的老师，但当麦昆回忆起他时，依然充满了"感激与热爱"[6]。在做学徒期间，麦昆每周的收入大概是 100 英镑（这是一笔微薄的收入，但是比起今天英国时尚行业中那些被当作免费劳动力的实习生来说，还是好多了）。

当时的工作环境极其正式，充满了强烈的阶层观念。"那时候，"麦昆当学徒时的同学德瑞克·汤姆林森（Derrick Tomlinson）回忆道，"我们要随叫随到，但完全没有插嘴的份儿。他就像我们一样，刚从学校毕业——就像一张空白的画布"。当时麦昆已经很喜欢浩室音乐（House Music[1]）了，于是他的两个女同学就嘲笑他："音乐怎么还能被称为'马（House）'呢？"这些青春期女孩儿还常常拿麦昆的性取向逗他。"你有女朋友了吗？"她们会这么问，一边还爆发出一阵大笑。要再过两年到 18 岁的时候麦昆才对家人出柜，这样的玩笑在当时对他来说是残酷的。"当时我还只是个小鸡崽儿，只是个小鸡崽儿。"1996 年时他这样对 Vogue 杂志说。

麦昆是个充满毅力和自律的学徒，每天早上 8 点上班，听着英国广播公司（BBC）第二台的广播，安静地工作着，直到下午 5 点（周五是 4 点）或更晚的时间下班。

安德森与谢泼德训练学徒的方式是给每个学徒分配一个导师，让那

1.House 音乐是一种沿革自 Disco 舞曲的电子音乐类型，诞生于美国 20 世纪 80 年代初期到中期。绝大部分的浩室由鼓声器所组成 4/4 拍子，伴随着厚实的低音声线。在这层基础之上再加入各种电子乐器制造出来的声音和取样，比如爵士乐、蓝调或流行电音。（译者注）

些资深裁缝提供一对一的辅导。"那是强制的，"现在已经当上了精剪师的里昂·鲍威尔（Leon Powell）说，而且一开始的时候让人觉得"很可怕"。在开始的两个月里，他就像麦昆一样，学习如何给衣服缝进领撑。他们学会了如何控制针，如何使用套在中指上的顶针，顶针能让手指获得更大的力量，让针更快地穿过帆布、马鬃和布料。"我花了两个月坐在那儿才学会怎么缝领子，又花了两年才学会怎么裁减一件夹克，"麦昆回忆道，又补充说他很想在给威尔士亲王缝制的外套夹层里绣上"麦昆到此一游"的字样。"我曾在帆布上签名'麦昆到此一游'，这样我就可以确定自己能时刻靠近他的心脏了。"[7]（麦昆后来否认了自己会在衣服上签名或是留下几句脏话）安德森与谢泼德召回了给威尔士亲王制作的所有衣服，并没有找到这类涂鸦，但是时尚界依然流传着这样的传言，这让麦昆的叛逆形象更加鲜明。

学徒们的终极目标是制作一件完美的、被导师认可的双排扣外套。这种外套的袖子是粗缝上去的，只有前襟和袖子有衬里，纽扣洞和边脚处理都没有完成。在学会了一种技能之后，学徒就会去学下一种。鲍威尔先生说："这里的一切都是一板一眼的——在被灌输了职业伦理后，你会成为一个完美主义者。"

学完缝领子，学徒接着学习安装领子、缝制袖子、精确地剪裁出能缝制一件外套的布料、缝制衬里、缝表袋（要很完美地缝到衣服上才不会毁掉整个身体的轮廓）。在摸遍了天鹅绒、粗花呢、不同重量的西装料子、马毛和帆布之后，麦昆掌握了缝制不同面料的技巧，学会了缝制燕尾服、晨礼服和夹克。帆布在使用前要先浸入一桶水中，然后挂出来晾干，缝纫线要先打蜡，布料要先压平（而不是"熨平"）。他还学会了怎样把扣子完美地钉上去以及怎样做出完美的扣眼。麦昆对于历史的热爱是他想象力和裁缝工作的灵感来源，而这些传统的技巧则把他与历史上那些为博·布鲁梅尔（Beau Brummell[1]）、弗雷德·阿斯泰尔（Fred Astaire）和玛琳·黛德丽（Marlene Dietrich[2]）做过衣服的伟大工匠们联系在了起来——知识就是这样一代代传承下来的。

最后，他的眼光受到了良好的训练，他对于比例也更加精确。一个伟大的裁缝在看到衣服时，会从三维的角度去理解，然后直接剪裁，而不用先在布料上画出形状。在缝制预定的衣服时，只要有一丝一毫的迟疑，不完美的地方就会被拆除并重新缝制，一遍又一遍直到臻于完美。"后来李·麦昆在做自己的服装系列时，他也是这样的，"鲍威尔说，他在安德森和谢泼德做学徒之前也学过时尚专业。"他每次在看到一点点失误的时候，都会拆开重来。在时尚界，凑合过去总是容易的。但是作为一名裁缝，如果你看到错误，就要修正它。"

麦昆的技艺迅速精进，后来他妈妈生病了，他开始请假照顾她。然而，公司认为他"不用心，不可靠，并不适合作为安德森和谢泼德的长期裁缝。"麦昆在一次 *Vogue* 的采访中说他在 1987 年的离开，是因为克利福德街（Clifford）对面的一个假发制作商向他抛来橄榄枝；在另一次采访中，他说那仅仅是因为他厌倦了。

为了学习整套的裁缝技术，他又加入了萨维尔巷 1 号的吉布斯和霍克斯（Gieves & Hawkes），他在那里学习制作裤子。吉布斯和霍克斯分别创建于 1771 年和 1852 年，都是军队服装的老牌供应商，为海军上将尼尔森勋爵和惠灵顿公爵做过衣服。到了 1988 年，麦昆在工作室里裁缝衣服时，总经理罗伯特·吉布（Robert Gieve）坚信定制的衣服必将重新成为人们追逐的对象："风格，以及对于细节的执着正在回归，人们强烈渴望着战前岁月的优雅。"[8] 在吉布斯和霍克斯，裤子的腰线被做得比较高，这样衬衫露出来的部分就会比较少。而在裤子后部的裤腰

1. 乔治·布莱恩·布鲁梅尔（George Bryan Brummel，1778—1840），英国摄政时期著名的美男子、花花公子、引领时尚潮流的男人，也是乔治四世的好朋友。（译者注）
2. 玛琳·黛德丽（1901—1992），德裔著名美国演员兼歌手。1999 年，她被美国电影学会选为百年来最伟大的银幕女影星第九名。（译者注）

部分还有一个"鱼尾",当穿着者把它翻下来时,就会遮盖更多的衬衫。吉布先生不怎么了解裁缝工作室里这个年轻裁缝的目的(麦昆在 1989 年 3 月 17 日他 20 岁生日那天离开了,因为据说那里有"恐同"的氛围)。无论他对这家企业作何感想,他在那里学会了制作裤子的技术。1993 年 10 月,当他发布了能够露出耻骨的超低腰牛仔裤系列时,他的这门手艺为世人所知。

在此之后,麦昆成为了一名自由职业的缝纫师和打版师。在与一名布赖顿设计师一起为服装供应商伯曼和纳森(Berman & Nathan's)[9] 工作时,麦昆对于历史服装产生了浓厚的兴趣。这家店创立于 1790 年,专门为贵族提供男装,风格与麦昆颇有几分相近——1846 年,这家店开始向工匠出租制服,这样他们就可以去皇家公园了,而按照规矩,手艺人是不可以出入这类场所的。1989 年,他为音乐剧《西贡小姐》(Miss Saigon)制作服装,而设计师安德鲁·格洛夫斯(Andrew Groves[1])坚信,正是这段经历让麦昆意识到了东方文化的博大精深。他的另一份工作是为《悲惨世界》(Les Miserables)提供服装,这部音乐剧改编自维克多·雨果的史诗性小说,讲述了 1848 年的法国大革命。在与海量的音乐剧服装打过交道之后,他产生了"对于 16 世纪服装工艺的热爱,这种热爱在他的设计师系列中很明显"。[10] 实际上,他在一家二手书店里无意中发现了一本《裁缝样书》(Tailor's Pattern Book)的复印本,这本书出版于 1589 年,作者是胡安·德·阿尔塞加(Juan de Alcega's[2])。从这本书中,他获得了撕毁织物和中性修身夹克的灵感。[11]

---

1. 安德鲁·格洛夫斯(1968—),英国时装设计师,同时也是造型师和作家,现任维斯特敏思特大学时装设计系的系主任。(译者注)

2. 胡安·德·阿尔塞加,16 世纪和 17 世纪初的西班牙大师。他于 1589 年出版的《裁缝样书》是第一本有关服装剪裁的作品。(译者注)

1989—1990 年的上半年，麦昆在为立野浩二（Koji Tatsuno[1]）工作（后者因其高超的剪裁手法被招置于山本耀司麾下）时，当一名打版师。麦昆告诉《天空》（*Sky Magazine*）杂志，他很崇拜立野，而且"当场就被雇佣了"。日籍设计师立野，曾在伦敦发布过自己的品牌文化冲击 Culture Shock（1982—1986），当时在伦敦梅菲尔区（Mayfair 地区）的蒙特街（Mount Street）钻研创新的裁缝技术，把布料裹在模特身上进行剪裁和设计。"真的，那非常超前。"他在 1992 年一次 *Vogue* 的采访中说，当时他的品牌在巴黎重新发布了。[12]

在立野的回忆中，麦昆"来找我是因为我有一身传统的萨维尔街的裁缝手艺，而他想跟我学怎么做礼服外套"。立野让麦昆领略到了前所未有的技艺，也让他开始感受到 T 台的魅力。"我想我影响了他制衣理念，特别是在织物的 3D 剪裁方面，而且我也让他明白，没有必要受到传统'时尚'的限制。"[13] 立野对于面料的广泛运用、对于织物的热爱，以及在秀场上营造出的戏剧感，都深深影响了麦昆，这一点在 1994 年春夏的"虚无主义（Nihilism）"系列，[14] 以及 2003 年春夏的"树鸭（Irere）"系列中堆叠着层层雪纺的"牡蛎裙"中就可以看出来。此外，麦昆在这里学到的礼服外套也成为了他职业生涯中的代表作。

"他总是兴趣盎然地把 T 台秀做得别出心裁，特别喜欢在秀场上放入装置艺术，"立野说。"亚历山大学得很快，而且性格也很鲜明。1989 年他与我第一次见面时，他的简历上根本没有和时尚相关的经历，但他的人格中充满了古怪的魅力，我一下子就被他迷住了，让他来和我一起工作。一般来说我倾向于选择有趣的、有原创力的人来和我合作，

---

1. 立野浩二（1965—　　　）参与创建以 1980 年代日本先锋时尚风格的设计品牌 Culture Shock，1987 年又在山本耀司的资助下创建了自己的品牌。（译者注）

因为他们能为我带来最多的灵感。我认为他早期的作品总是让人们震惊，后来他在纪梵希工作时更加懂得了设计，进入了他的黑暗美学时代。在他来巴黎时我和他见过不少次面，还记得他说，'去他妈的法国时尚！'"

那段时间，他的工作很逍遥——当有活儿上门时他才去做。有一个为立野工作的朋友把他介绍给了街头潮牌 Red or Dead 的设计师约翰·麦克肯特瑞克（John McKitterick），于是他又为这个牌子做了一年的缝纫师和打版师。"他做得很好，"麦克肯特瑞克回忆道。"我只是想找能干完那些活儿的人，不是找什么天才。他从不迟到，从不抱怨，总是把一切整理得井井有条。"在1990年的伦敦时装周上，红色与死亡（Red or Dead）发布了秋冬时装系列，自此之后麦昆就显示出了他的野心——尽管他尚未认定自己要成为一名时装设计师。"我跟他说他应该去米兰，"麦克肯特瑞克说，"试着在那儿找份工作，因为他当时还对时尚没什么概念。"麦克肯特瑞克拿出了他的通讯录，把所有相关人士的联系方式都给了这个20岁的新手。"那几乎是我认识的所有人了——我雇过的人、朋友、愿意帮助英国人打入意大利时尚的杂志编辑。他真的什么都不知道，我就告诉他，找工作最好的时机就是在时装秀刚刚办完的时候，因为那时候设计师和品牌都开始考虑下一季要做什么了，正是设计工作室需要人的时候。不过我还有点觉得他疯了——没上过大学，没念过硕士。我想象过他夹着尾巴逃回来的场景，但我同时也觉得，'这是为了他好'。"他还非常非常害羞，不是那种看上去很机灵、很吃得开的人，口才也不好，还穿着牛仔裤和松松垮垮的衬衫。他看上去一点都不娘娘腔，所以很多人都以为他是直男，但我跟他聊了十分钟就确定他是 gay 了。"（麦克肯特瑞克觉得麦昆很喜欢爱尔兰女歌手辛妮·欧康娜 Sinead O'Connor[1] 这一点十分有趣）

"问题的关键在于，用时尚圈的标准来看，他没有任何吸引人的地

---

1. 辛妮·玛丽·伯纳黛特·欧康娜（1966—　），著名爱尔兰歌手和歌曲作者。她还以反传统的行为（尤其是其光头）和有争议性的观点而闻名。（译者注）

方，而且人们觉得他很难相处，"麦克肯特瑞克补充道，为什么？"因为他的外表，因为他知道的太多了。"在时装设计界的等级制度里，人们的自尊普遍脆弱，而你的地位完全取决于你上一季的表现。很多人觉得缝纫师和打版师应该安守本分，而麦昆让他们感到不安。当然，剪裁和制衣的本领是麦昆的有力武器，而这把武器也被他利用得淋漓尽致。"当他从米兰给我打电话，告诉我他在基利（Gigli）谋得了一份打版师的工作时，我觉得这简直太棒了——我是真心为他高兴。"麦克肯特瑞克说。

如果要在米兰找一个以比例、色彩和剪裁著称的设计师，那就是罗密欧·基利（Romeo Gigli）。他重新采用了青果领，取消了垫肩，形成一种柔软、飘逸的曲线。他的新浪漫主义服装灵感来自于艺术、历史和异域风情。他这样对 Vogue 介绍自己 1989 年秋冬的服装系列："我在设计一个系列时灵感都是不知不觉产生的，就像是化学反应。面料的色彩和质地（之间形成的化学反应）。对于传统的剪裁来说，形状都是二

↑ 西蒙·克斯廷在 1993 年与乔 - 彼得·威金一起参加了一次群展后，把这位美国摄影师和艺术家介绍给了麦昆。上图是威金的作品《疗养院》，右图是在 2001 春夏秀场上麦昆的好友、作家和记者米歇尔·欧利（Michelle Olley）参与"沃斯（Voss）"系列展出，这是麦昆向威金《疗养院》的致敬之作。

维的。但有些民族服装的制作方式是把平面的形状裹在身上，这对我的影响很大。"基利热爱艺术、阅读和旅行，因此他的灵感来源丰富得几乎能凑成一本百科全书；他也是麦昆在米兰唯一想为之工作的人。[15]1990年3月的某一天，麦昆买了张去米兰的单程车票，也没有预约，就出现在基利位于科莫大街（Corso Como）10号的总部。

1984—1991年，莉泽·斯特拉斯迪（Lise Strathdee）在罗密欧·基利的设计工作室担任"罗密欧的左右手"，主要负责安排服装秀和担任卡拉·索珊尼（Carla Sozzani）的新闻专员。卡拉是基利的搭档，也是意大利版 Vogue 主编弗兰卡·索珊尼（Franca Sozzani）的姐姐。主工作室位于科莫大街，而生产线则在位于诺瓦腊的乍马史波特（Zamasport）集团的工厂里，距离总部有一个小时的路程。莉泽负责麦昆在基利的工作，因此被麦昆称为"意大利妈妈"。

"当时我正坐在科莫大街工作室的书桌旁，前台忽然打来电话让我去见一个带着作品集来拜访的小伙子。那是麦昆和他的一个朋友，他看上去很年轻，也很低调、礼貌，没有穿戴任何的奇装异服。我很喜欢他这副随意的腔调，跟大多数野心勃勃的设计师都不一样。坐下来聊了一会儿天，我就感觉到了他身上特有的那种专注和勇气。我还记得，在我翻看他的作品集并向他提问时，他的眼神十分敏锐。我记不得他的作品集里都有什么了——但那是一本令人惊叹的集子——我只记得他提到自己不久前在伦敦品牌红色与死亡做了一段时间制版师，我不记得他说过自己在立野浩二工作过，但即便如此，我也觉得他的时尚道路十分有趣而特别。他给我留下最深的印象就是，他很想来工作。

他最吸引我的一点就是在萨维尔巷所受到的训练，因为罗密欧非常热爱传统男装裁缝技术。而且像他这样年轻就有了第一手的制衣经验，实属少见。来找我们的大多数人都刚刚从设计学院毕业，或者仅仅是想给罗密欧工作而已，但他却目的明确而且实际。当时他还不是一个充满梦想的设计师，但却是一个热爱裁缝艺术和技术的人。罗密欧和卡拉正忙着开会，我只好留下了麦昆在米兰的联系方式，感谢他就让他走了。我能感觉到他的失望。当我回到办公桌前时，看到罗密欧正好有空，于是我头脑一热，跑过去跟他说我刚见了一个在萨维尔巷工作过的年轻人，很值得他也去见一见。罗密欧答应了，不过他没有太多时间。我立刻起身跑到大街上。麦昆不见了。我凭着直觉往加里波第（Garibaldi）地铁站跑，就在转弯的瞬间，我看到了麦昆和他的朋友正准备走下地铁站。我大声打了个唿哨，大喊他的名字，连连招手让他过来。他过来了，看上去有点迷惑，我向他解释我刚刚帮他安排了一次与罗密欧的会面，不过我们得抓紧时间。

麦昆的脸上绽开了一个大大的笑容，我们一起说笑着往回赶。之前与他见面时他的严肃和紧张都消失了，就好像阳光穿透了厚厚的云层。他就像个小男孩一样说着俏皮话，让我觉得可爱极了。我们上气不接下气地回到了工作室，我带他去罗密欧的桌前，为他们介绍对方。兴高采烈的麦昆当场就被雇用了，为我们1991年春夏的男装系列和女装系列工作。第二天，他和罗密欧一起去了工厂。这就意味着他会在工厂和设计师工作室两头工作。在工厂里，他和两个资深的男装制版师一起工作。这可不是一件容易的事——每天要赶远路上下班，在一个全新的、工业大生产的环境中工作，而且那两个制版师都有自己一套做事的方法，说的还都是麦昆完全陌生的外语；他得到了一个证明自己能力的机会，但他也只能完全靠自己了。在那段时间里，我时不时会接到他的电话，抱怨沟通上出的问题或者工作上遇到的不如意。

我也会接到工厂生产经理打来的电话，让我跟麦昆谈谈——当他感到沮丧时，他的激烈言辞会伤害到之前的制版师。在大多数情况下，我只需要在工厂之外安抚一下他的情绪。与独自在等级分明、比较正式的环境相比，麦昆应该比较喜欢在工作室和其他年轻的外籍设计助理一起工作。这大概是他第一次在这么大规模的产业中工作。"

* 莉泽·斯特拉斯迪

↑　麦昆和若本（Norio）在罗密欧·基利的设计陈列室里工作。

→　在罗密欧·基利的工作室里，21 岁的麦昆拿着一台拍立得，与设计助理塞米（Sami）、卡门和若本（从左到右）在一起。这两张照片都拍于 1990 年，米兰科莫大街 10 号罗密欧·基利的总部。

卡门·阿蒂加斯（Carmen Artigas），来自墨西哥城，当时是罗密欧·基利工作室的一名设计助理。她在米兰马兰欧尼学院（Instituto Marangoni[1]）学习时装设计，毕业前三天找到了这份工作。她还记得麦昆来到工作室的那天，被要求在房间中央给一件衬衫打版。那个系列的灵感部分来自于约瑟夫·寇德卡（Josef Koudelka[2]）的书《吉普赛人》（*Gypsies*）（1975），麦昆要参考的那张照片上，一个男孩正在撕扯另一个男孩的衬衫，基利希望他能做出照片上衬衫形成的那种特别的褶皱，但是这一建议被麦昆拒绝了。

"他来的时候并没有什么正式的自我介绍。我觉得这是因为大家都忙着赶那一季的衣服，但他

1. 马兰欧尼学院建立于 1935 年，是第一所被意大利教育部认可的专业时装艺术院校。（译者注）
2. 约瑟夫·寇德卡（1938—　），出生于捷克，著名摄影大师。流转欧洲大陆时拍的"街头人生"照片，使他作为 20 世纪一流的摄影家而被铭记。（译者注）

立刻就在房间中央开始打版了，时不时地我能看见他托住下巴，做出痛苦的手势。我向他介绍了自己，问他是不是一切顺利。他想要阿司匹林，我就给了他一片，我们俩就成了朋友。"

有一次他邀请我去一个派对，我们在大雨中的街角碰头。隔得很远我就看见他撑着一把大伞；走近一看，那是一把日本古董油伞，伞面是打了蜡的纸，伞骨是竹子，在大雨中已经开始散架了。这把伞是他一个日本朋友的，他在她出差期间借住在她家。我提醒他那把伞快坏了，而他只是哈哈大笑，不以为然。现在我才意识到这是典型的麦昆作派，在毁灭中寻找美感。

在销售旺季，我们通常要做的是花几个礼拜画手袋的图纸。有时候他会递给我一张图纸，上面签着"致亲爱的卡门，李"……这很甜蜜，但有时候也令人困扰，因为有些图纸带着点冒犯的意味；比如说其中有一张画了个被箭射穿腹部的女人，另一张画了副男人的躯体，也带了一支箭，还有一张是一个披着斗篷的女人，还有狗和奇特的鸟……特别是在罗密欧·基利的设计开始转型为拉斐尔前派的风格之后。我也会给他画点东西，两个人交换画稿玩。"

＊　卡门·阿蒂加斯

Camor

WITH

030

← ↓ 1990年，麦昆和卡门·阿蒂加斯为基利创作一个手袋系列的时候画的草图。图中是一位被丘比特之箭射中的女性，戴着面纱和鱼尾，像是一条长出双腿的美人鱼。这可以明显地预示出日后麦昆的创作主题：混合了甲壳类动物、鸟类甚至犬类特征的女性。

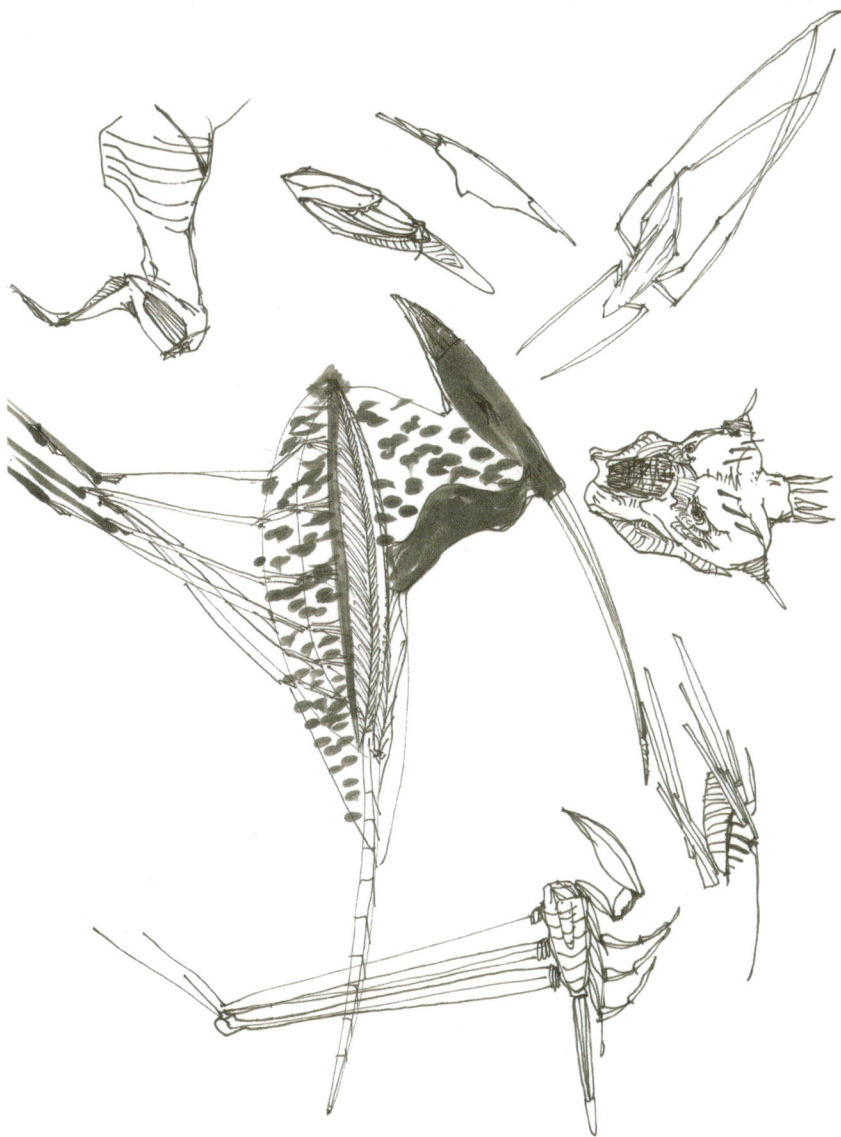

莉泽·斯特拉斯迪补充道："我们之间的关系不像是友谊——更像是一种无言的默契。那一季的后半段，他的住处出了点问题。当时我住在一套四居室的公寓里，有一间空余的房间，我就让李来跟我一起住。他接受了，搬进来了。大多数时候他就待在自己的房间里，但有些夜晚我们会去大厨房，一起做各种菜肴，坐在桌边喝点红酒。我还记得有一次我们谈起米兰的夜店时我大吃一惊。在那之前我以为麦昆是个'恐同者'，因为他对于同性恋者的评论有些奇怪，但是当我们谈论那些夜店时，他能数出米兰的每一家同性恋酒吧！显然，他是那里的常客。我还记得我和我的室友弗兰和凯伦三个人面面相觑——这可真是个意外的发现。显然，他有自己的一群朋友。我对他给自己做（或者说，尝试做）的食物也很惊讶。他吃的东西吓到了我，显然他根本不知道什么叫营养，也不知道怎么照顾自己。所以有好几次我坚持让他吃我的饭菜。"

"在基利的时候，他会出现在每周的试穿会上，罗密欧也会来，出现在乍马史波特工厂那些有着巨大的镜子的试衣间里。几年后，当他作为'亚历山大'而不是'李'为人们所熟知时，有一位同事评价说他为罗密欧的女装线设计的解构主义夹克外套棒极了。他对于肩部的形状和躯干的轮廓都做了精巧的设计。我觉得他的作品确实足够好到可以进秀场。那个同事提到的夹克是一件深蓝色的亚麻夹克——没有衬里。"

在为1991年春夏系列做设计时，麦昆的合同到期了。当时基利和他的合伙人索珊尼正准备分家，公司里一片混乱。他回到了伦敦。他告诉莉泽·斯特拉斯迪他"不知道自己该做些什么"，然后给卡门留了他妈妈的地址。实际上，他回到了约翰·麦克肯特瑞克的红色与死亡，在位于拉德布鲁克庄园（Ladbroke Grove）的工作室为麦克肯特瑞克的1991年春夏系列工作。这个系列有明显的情色意味，麦克肯特瑞克说它"非常性感——紧身，真皮或是塑料材质，有明亮的印花，大量的拉链和铆钉元素"。突然之间，李像是放开了，开始问一些有趣的问题。"他给我看他的作品，还跟我讨论我的设计——问我为什么做这些，又为什么不做那些。他想成为一名设计师，我就告诉他他得去念设计学院——还给了他博比·希尔森（Bobby Hillson）（圣马丁艺术设计学院时装课程的创建者和系主任，也是麦克肯特瑞克的朋友）的联系方式。"[16]

中央圣马丁

当博比·希尔森发现麦昆在中央圣马丁她的办公室外面等她时，她请麦昆跟她谈谈，根据麦昆的工作经历，博比以为麦昆是来谋求一份教学生打版的教职的。但实际上，他是想来读书。2004年，他被这所大学授予了教授职位，他感谢了博比·希尔森，还说多亏了博比，他才能成为一名时装设计师。所以那次会面称得上是历史性的。

作为一名广受爱戴的时尚插画师和获奖设计师，希尔森深知能画一手漂亮的画，又掌握着高超的剪裁技巧、能把设计图纸变成作品的人才是多么的不可多得："我对他印象深刻，告诉他我认为他应该念一下时尚硕士课程，然后当场给了他一个名额。他很吃惊。"在这个课程中，平均每个名额都有超过20个申请者，而且奖学金申请也已经结束了，所以麦昆得自己筹钱去完成这个18个月的课程。他的姑妈芮内（Renee）借给了他4000英镑。

希尔森补充道："显然，他拥有真正的才华和坚定的决心，更令人吃惊的是，他非常想表达自己的灵感——他的灵感时时刻刻都在迸发——可惜他不知道该怎么表达。你能感觉到他的情感和智慧，但是他没有接受过传统的教育，不知道怎么表达自己。"

博比·希尔森赌了一把。从前，艺术学院招生看的是才华，但是到了20世纪90年代，学术成就取代了职业技巧成为考核标准。她告诉当时时装和纺织系的系主任简·拉普雷（Jane Rapley），她招了一个学生，他可能应付学术问题时会有些困难。"他所有的才能都源于非常复杂的个性。"希尔森回忆道。拉普雷现在是中央圣马丁学院的院长了，她在

2003 年的一次采访中告诉《卫报》（Guardian）："从一开始就能看出，他是与众不同的，但他在努力适应。对他来说，许多的课程要求都很难，比如说写作，以及整个教育体系本身。他有一种特殊的品质，要不然一开始就不会来读这门课程。" [17]

2009 年，麦昆对 BBC 谈起了圣马丁对他的意义："那就是我要去的地方。那里让我最喜欢的地方是表达的自由，以及与很多和我思想相似的人在一起。" [18] 约翰·麦克肯特瑞克相信，圣马丁改变了麦昆的人生："他就是在那里成长的，成长得很快。我开始在苏荷区的同性恋场所见到他，我还记得每次看他的课程设计时，我都非常喜欢。"

博比·希尔森，中央圣马丁时装课程的创始人。在这块时尚圣地一楼有一间办公室，这间办公室的气场能震慑住最勇敢的灵魂。

"我发现他藏在办公室外面，就问他，'你是谁？想找谁？'
'你。'他答道。
'但是你没有预约 —— 你只有 5 分钟时间。'

他拿着一叠衣服跟我走进了办公室，把衣服扔在了沙发上，告诉我那些都是他在为罗密欧·基利工作时打的版，其中也有一些他自己的作品。基利和当时的其他设计师都不一样，很有创意。我很惊讶，这样一个有丰富裁缝经验的男孩居然不接着做裁缝，而是转去做了设计。我开始对他感兴趣。我很快就意识到他很年轻，看上去也不太讨人喜欢。如果要教课的话，他太年轻了 —— 学生们根本不会把他放在眼里。这就有意思了……然后我问他平时会不会画画。当他说他会的时候，我让他把画作带来给我看看。"

＊ 博比·希尔森

麦克肯特瑞克说，麦昆不受任何人的影响，不过他很喜欢约翰·加里亚诺（John Galliano）——"作为另一个英国设计师，他对于麦昆意义重大（当时加里亚诺在巴黎，努力在破产之后重新振作）。对于麦昆来说，加里亚诺是要打败的对手，是参照物。"当时，圣马丁的一些老师和同学开始觉得麦昆是一个很难掌控的学生 —— 他会打断老师的话阐述自己的观点。当博比·希尔森上课的时候，她并不了解麦昆和其他老师之间的冲突。有一度还据说他被从研究生的工作室挪到了本科生的工作室，作为某种对他的羞辱，但是"他不在乎"，麦克肯特瑞克说。麦昆毫不掩饰自己在萨维尔巷当学徒和在罗密欧·基利做打版师的经历。麦克肯特瑞克能理解麦昆为什么如此好斗："就像是一种本能，麦昆懂得很多，

他会盯着一个人看，心里想，'我肯定能比你做得更好'。他就这样惹恼了很多人。"

"一旦他放松下来，在其他同学中找到朋友——特别是后来跟他合作的面料设计师西蒙·昂格莱斯——他就对研究生课程开始得心应手了，"博比·希尔森说。这一年的工作强度很大，他想在圣马丁学会尽可能多的东西。他和西蒙·昂格莱斯会去西蒙在郊区的家里，搜集野鸡和其他鸟类的羽毛用在服装秀里。他会去苏荷区的 Berwick 街买便宜布料，但博比·希尔森会拿走这些便宜货，换上自己储存柜里昂贵的面料。学校里的裁缝师会给学生们提供帮助，此外校外也有一个裁缝师可以分配给学生使用。学生们被分配到同样的时间，可以请裁缝师帮忙剪裁希尔森通过的设计。"我认为学生们不应该配备造型师，这样他们就能学会自己做造型了。"希尔森说。

作为这个时装硕士课程的一部分，每个学生都被要求撰写一篇市场分析报告——这对于大多数人来说都是负担而不是乐趣。热爱历史的麦昆一如既往地避开了高街时尚，选择了"开膛手杰克"作为自己的选题。这个臭名昭著的杀手，1888 年在伦敦的怀特查帕尔（Whitechapel）地区仪式性地杀死了 5 个妓女，是东伦敦最可怕的幽灵。麦昆的祖先是17 世纪 90 年代的法国新教徒，这些难民在史必特菲尔兹（Spitalfields）和怀特查帕尔地区以做丝绸纺织为生。"我喜欢挑战历史，因为我的祖先们就是如此。有时候我的工作甚至可以称得上是自传性的。"麦昆在一次 BBC 的采访中这么说。[19]

"开膛手杰克跟踪他的受害者"，这是麦昆的毕业作品，1992 年 7月在伦敦肯辛顿奥林匹亚展览中心进行展出。在这个系列中，他展现出一种从历史中提取古老元素、重新创作后展现给当代观众的能力。在这一点上，他和约翰·加里亚诺惊人地相似，后者在 1984 年创作的毕业作品"执政内阁"（Directoire）就是从后法国大革命时代汲取的灵感，主题同样是围绕着暴力。爱丽丝·史密斯还记得，麦昆曾给她看他从中央圣马丁图书馆借来的维多利亚时期的情色书籍；他还告诉爱丽丝，他最喜欢的电影就是帕索里尼的《索多玛的120天》（*Salò:120-Days of Sodom*）（1975）。

在"施虐——受虐狂"之外（约翰·麦克肯特瑞克品牌的一个系列），他的一系列6件毕业作品展现了他对于裁剪和面料运用的得心应手。1888年以来的时装造型中，女性借助胸衣、紧身系带和裙撑打造出身体的曲线。假发髻开始流行之后，又有成捆成捆的真人头发通过码头货舱被源源不断地运送进英国市场。而伦敦的妓女们也找到了赚钱的新门路，那就是卖掉自己的长发。

有一次麦昆剪掉自己的头发编织进自己的作品里，正是在暗喻这一段历史。"头发的灵感来自于维多利亚时代，"他后来解释道，"那时候的妓女们会把头发卖掉做成发束，人们会买来送给情人。后来我把头发嵌入有机玻璃作为商标。在最早的几个系列里，我用的是自己的头发"。[20]

他的作品看上去像是朋克那种狂热愤怒的回潮，但是与当代亚文化不同，他的灵感来自于更深的层次。这一系列中有一件黑色丝质的收腰夹克搭配提臀的装饰短裙，衬里装饰着人发。另外一件樱桃红色的丝质外套（印着尖锐的荆棘，是西蒙·昂格莱斯的作品），被剪裁得十分修身，袖子也很窄，正是安德森和谢波德的风格，而衣服的内衬也编织着一层人发。被开膛手杀死的妓女也许都穿着磨损破旧的二手衣服，所以麦昆给印花裙子都加上了烧毁的痕迹，还在布料上糊上了一层杂志的纸浆。开膛手杰克的身上有一种疯狂的虚荣，一心想要通过媒体成为"明星连环杀手"；红色的油漆被随意洒在布料上，象征着血迹。这可不是维维安·韦斯特伍德（Vivienne Westwood）那种后朋克的迷人的历史，而是一种更复杂、更富有层次的东西。"他的优势在于他能够把任何给予他灵感的东西表达出来，"博比·希尔森说，"很纯粹的，完全属于他的东西"。当然，在对待这些灵感时，他从不向别的什么妥协——"我有拒绝商业化的权利，创作时我只听从自己的内心。"麦昆说。

"那一年竞争很激烈。"希尔森说。在毕业展览上，麦昆拿了个倒数第二，这不是一个圆满的大结局。

希尔森觉得他还有很大的进步空间，暗自希望圣·马丁的课程是两年而不是18个月，这样他就可以达到最佳状态了。"他的那个系列很有趣，他也做了些很不错的衣服，但还没有到令人动心的程度。"简·拉普雷说。但约翰·麦克基德里克可不这么认为："我在那些衣服展览前就看过了，我认为那些都很好。""他最主要的优势在于伊莎贝拉·布罗¹ 看中了他。"拉普雷说，"这帮助他打入了时装界。"^[21]

伊莎贝拉很爱才，也爱时装。人们觉得她有点古怪，但其实她像是两次世界大战中间时期的"Vogue 女士"，像是黛西·法罗（Daisy Fellowes）那样，总是光顾当时最好的女装设计师。就像法罗是艾尔莎·夏帕瑞丽（Elsa Schiaparelli）背后最有力的推手一样，布罗总是不介意别人如何看待自己，并且乐于结交有才华和创意的人。她作为女帽制造商菲利普·崔西² 的朋友和赞助者为人们所知，她还帮助过时尚预言家迈克尔·罗伯茨（Michael Roberts）（他在 1980 年代将 Tatler 打造成为了时尚圣经）。然而作为自由职业的造型师，她当时才刚刚出道不久（她从 1989 年才开始在 Vogue 工作，而她在《星期日泰晤士报时尚特刊》杂志的编辑工作是从 1997—2001 年）。

"伊西（伊莎贝拉的昵称）需要的是戏剧化的、与众不同的服装，让她做的造型给人留下深刻印象，"她的朋友、设计师安东尼·普莱斯（Antony Price）说。^[22]确实，她一直在寻找新鲜、刺激的东西，这也在无形中让她对历史产生了兴趣。"伊西从不在乎其他时装编辑的看法，这在时尚产业中很不常见，"普莱斯接着说，"她只相信自己的眼

1.伊莎贝拉·布罗（1958—2007），传奇的时装编辑，因为热爱造型奇特的帽子而被称为"帽子女王"。她以独到的眼光一手发掘并捧红了 Alexander McQueen、帽子设计师 Philip Treacy 和比利时时装奇才 Hussein Chalayan 等。（译者注）

2.菲利普·崔西（1967—   ），著名的女帽设计师。他最热爱的材质是羽毛，设计的最突出特点是将他的作品当成装置艺术陈列。（译者注）

↓　黑色羊毛单排扣大衣，来自"开膛手杰克跟踪他的受害者"系列，麦昆在圣马丁硕士课程的毕业设计，1992年。这是一件传统的男士长礼服，但袖子被分成两部分剪裁，前面半片较短而后面半片较长，这样就露出了紫罗兰色衬里；紫罗兰色和淡紫色在维多利亚时期代表着哀悼。

睛。"因此，其他时尚圈人士忽略了麦昆毕业设计中的闪光点，布罗却没有——"这些作品的剪裁很好。没有人意识到这一点。他们只会觉得这些衣服只是被涂上了血腥的颜料。他们都没有看看这剪裁！[23] 很显然，这些作品背后隐藏着一个有着巨大潜力的天才！"[24]

伊莎贝拉·布罗"发掘"了麦昆的传说一直在流传，但其实麦昆在圣马丁时就已经"发掘"了自己。尽管如此，她的支持对于麦昆而言依然是宝贵而关键的一步，因为她穿着麦昆的作品，把它们展现给了全世界。布罗有一副标准的模特身材：10号的肩膀，10号的胸部，8号的腰臀，外加美丽的双腿和膝盖。

"她能把衣服穿出设计师理想中的样子。伊西是一个最好的顾客，她什么都敢穿。"普莱斯说。布罗决定要买下麦昆的毕业设计，于是她

从学校那里搞来麦昆妈妈的电话，给她留言，让麦昆打电话给自己。"她一直对我纠缠不休，"麦昆在 1996 年时说，"我很奇怪，这个疯疯癫癫的女士是什么人，一直给我妈妈打电话。后来她来找我，问我那件夹克多少钱。我心想，那就尽管开价吧！于是我跟她要 450 英镑，她还真买了！"

麦昆以 5000 英镑的价格把整个系列都卖给了她，而布罗则花了一年时间分期付款才付清这笔钱。与此同时，布罗把麦昆收入了自己麾下，把他介绍给菲利普·崔西，以及其他许多艺术家、贵族、演员。"我能让他接触到一个全新的世界，因为那时候我正当红。我可以打电话给艾尔顿·约翰（Elton John），跟他说，'10 分钟之内来我这儿。'然后他就会来。"布罗曾对《纽约客》（*New Yorker*）这样夸耀过。

← 麦昆为纪梵希 1997—1998 年秋冬高定设计的"折中的解剖 Eclect Dissect"系列的后台（摄影：西蒙·克斯廷）。发型师吉多·帕劳 Guido Palau 正在调整模特头上塔状的金色假发，这是对奥黛丽·赫本在电影《窈窕淑女》（1964）中舞会上造型的模仿。戏服由摄影师塞西尔·毕顿 Cecil Beaton 提供。麦昆根据赫本在电影中的服装设计了一条黑色的高腰连衣裙，在上面缀满了黑玉串珠。

西蒙·克斯廷（Simon Costin），珠宝和布景设计师，早在麦昆在中央圣马丁办毕业展的时候就开始与他合作，后来也参与了从"鸟"（The Birds）到"无题"（Untitled）的一系列时装秀。

"李从圣马丁给我写了一封很美妙的信，说他很喜欢我设计的珠宝 —— 还问我有没有什么东西可以借给他用在毕业展上。他很可爱 —— 很感激地借了我手头有的几乎所有东西。他在展上用了我的 7 件珠宝，包括两件头饰 —— 其中有一顶冠冕 —— 两条大型项链，是用鸟爪、牙齿、骨头和毛发做的。对于我来说，那只不过是有一个学生的设计系列罢了，没有留下什么特别的印象，那时候我还没什么时尚背景。"

"为什么他会对死亡有这样强烈的偏好？当时他应该还没有接触死亡艺术，只是把死亡看作是越轨的象征，作为他某种反叛的表态。"李在本质上就是矛盾的。乌鸦、骷髅这些意象都是他表达死亡的词汇，同时他的作品中还有很明显的关于身体禁锢的意象（紧身衣、兜帽），表达得非常有力。

这些概念在他的作品中十分重要，这也可以从他对于美国当代黑暗系摄影师乔 - 彼得·威金（Joel-Peter Witkin）的热爱中看出来。1993 年，我和威金一起参加了米兰的一个群展，我给李带了一本介绍威金的作品集。这本作品集里大量运用了人类尸体，显得又扭曲又极端反叛，我想，"我知道谁会喜欢这个。"于是我在上面签下这样一句话："亲爱的李，我觉得这正对你的胃口，爱你的西蒙。"

我比较喜欢通过故事来进行表达。如果一个展览的指向非常明确，这会有助于我为它创作一个故事，然后从中获得布景的灵感。一个好的展览应该是这样的：它的布景能让观众能够很好地感受展品，而如果撤去布景，人们就无从感受。布景是一种能与观众互动的环境，像蛋糕上的糖霜那样关键。

麦昆的展览最关键之处是他布展的方式。这就像是下赌注 —— 要牢牢抓住观众的心，不仅让他们看，还要让他们听。这些展览都有诸多层次，让人留下深刻的综合印象。

我们合作的方式是这样的：我会先考虑这些展品可以如何呈现在舞台上。然后我们会一起围坐在桌边，讨论这些想法……每一次展览都不是一个人的想法。

＊　西蒙·克斯廷

→　1996—1997 年秋冬"但丁（Dante）"系列，模特克里斯汀·欧文（Kristen Owen）戴着一件由六英尺长尾羽制成的头饰，这些尾羽由西蒙·昂格莱斯的父亲提供，来自于白冠长尾雉和白鹇杂交的后代。模特身穿一件涡纹图案的无袖天鹅绒上衣，领子由鸵鸟毛制成。麦昆的朋友、艺术家 A.M. 汉森（A. M. Hanson）说："他被鸟类学中那些充满诗意的概念，以及鸟类注定寿命短暂的命运所深深地吸引着。"

西蒙·昂格莱斯（Simon Ungless），现在是旧金山艺术大学研究生院时装系的系主任，与李结识于中央圣马丁。

李和我在中央圣马丁的第一天就认识了。之前我读过时装专业研究生，学的是印花，还花了两年给保罗·史密斯（Paul Smith）和奈吉尔·法兰西（Nigel French，英国知名服饰顾问公司）干活，还做一些时尚潮流预报的工作。而李则在基利那儿工作过。与其他学生比起来，我们对于设计的理解处于完全不同的层面上，这就让我们和班上其他人区别开来了。

我们立刻变得形影不离。所有的学生都在暑假期间做了一份课程入门作业，其中包括一份时尚评论文章。有个学生在被问到他的目标顾客是谁时，回答说是"凯莉"，我们俩都哈哈大笑起来，因为我们从来没见过有谁会把凯莉·米洛当成自己的理想顾客。在另外一堂课上，我们被问到自

己最喜欢的设计师，有一个学生说是"范思哲 Versace"——只不过把他的名字念成了"范塞思 Versayce"。我们觉得这可笑极了。

对我们两个来说，最喜欢的设计师应该是梅森·马丁·马吉拉（Maison Martin Margiela）和海尔姆特·朗（Helmut Lang）。其他学生都没听说过他们。我们俩对巴黎发生的事情很着迷，通过 i-D 这样的杂志或者干脆自己去巴黎获得时尚资讯。要真正地去融入时尚现场、对时尚产生自己的理解才行，至于 Vogue 这种杂志上的信息，通常早就过时一年半了。而在伦敦时装周上，也就只有温蒂·达格沃斯（Wendy Dagworthy）和贝蒂·杰克逊（Betty Jackson）了，加里亚诺（Galliano）和韦斯特伍德的秀都在巴黎。

我们喜欢的设计师？我们都很爱阿泽丁·阿莱亚（Azzedine Alaïa），但他当时并不红。我们也很喜欢马吉拉（Margiela）和加恩·克罗纳（Jean Colonna）。我很快就拥有了一张黑胶唱片和一件橡胶的"加恩·克罗纳"，是李给我做的。他还给我做了一件"马吉拉"的大衣——这是我拥有过最不可思议的大衣。路易斯·威尔逊（Louise Wilson）（中央圣马丁的系主任）跟我说，"可是马吉拉不做外套的啊！"我说，"那他现在做了！"

我的作品之所以能吸引李，是因为他也同样热爱自然、尊敬自然。他热爱鸟类、皮肤、水晶、化石、蛋、羽毛、骨头。我在乡村长大，我的父亲是一名猎场看守人，因此我从小身边就围绕着各种鸟类和动物。我很早就开始搜集和收藏东西，麦昆也喜欢收藏。我们在大学里做的第一个项目就是设计名为"奇珍异宝收藏室"的印花图案，部分灵感来自于苏格兰高地人传统的格纹图案，还添加进了麦昆很喜欢的蝴蝶和蛋的纹样。后来我把这份印花设计卖给了某家睡衣生产商。

我们的爱好很相近，尤其是都很喜欢艺术家乔-彼得·威金，也都很喜欢阅读——我还记得我们一起读马奎斯-德-萨德的《索多玛的 120 天》或是《放荡学校》（ School of Libertinism ）（1785 ）时，躺在休息室的地板上，分享同一本书的情景。这些作品又黑暗又艰深，对他作品中的"暗黑气质"产生了很大的影响。我们还会一起去图丁（Tooting）的露天泳池游泳，我们还很爱跳舞，无论是跟着慢摇还是跟着戴安娜·罗斯（Diana Ross）的歌——麦昆很喜欢迈克尔·杰克逊（Michael Jackson）的《墙外》（ Off the Wall ）——他能跟着任何乐曲跳起来，除了比约克或是波蒂斯海德（Portishead）乐队，因为我们觉得他们的歌太无聊了。

我们来自于相似的家庭背景，都是蓝领工人的儿子。当时在中央圣马丁，这很少见，其他学生都会因此而瞧不起你。我们都是同性恋者，但并不是当时最典型的那种同性恋者，不会在跳舞的时候脱掉上衣向别人展示身体。所以我们在夜店圈和同性恋人士圈中也并不是很融入——因为跟其他人不一样，有时候还会受欺负。所以他能出名实在是太棒了，突然之间那些人都想来跟他做朋友，但是他对这些失败者们一点都不客气！

我们在伦敦南部合住一间房子，地址是图丁（Tooting）地区的莱辛海姆（Lessingham）大街169号，在一大片政府所属房产的正中间。我有时候会从乡下家里给他带几只野鸡或者鹬鸫，我们把它们料理干净，做成菜吃掉，然后保留下羽毛。麦昆总是让我回家多搞点鸟儿回来。我们用野鸡的羽毛做了一件紧身抹胸。我父亲曾经用一只白冠长尾雉和一只白鹇杂交，生出来小鸟的羽毛美极了，让麦昆爱不释手。我们把那些鸟儿六英尺长的尾羽做成了一件领饰，让克里斯汀·欧文（Kristen Owen）戴着参加了"但丁"系列的走秀。

李很早就开始运用毛发了，有时把它们织进面料里，有时把它们密封在塑料里做成商标。这种举动有一点"反叛"的意味，也刺激到了一些害怕"反叛"的人。所以麦昆从一开始就利用毛发来建立自己的品牌形象，那是一种与加里亚诺和韦斯特伍德他们完全不同的品牌形象。在我们看来，他们两个设计的衣服就像是舞台服装。那不是我们想做的时装。麦昆有点对"开膛手杰克"上瘾了。他对此充满了热情，从中获得了源源不断的灵感和进展，甚至觉得自己与这个故事在冥冥之中有某种联系。他不需要去墨西哥待两个礼拜，然后在夹克上甩上墨水，就算是做出了一个系列。他对于历史上的故事和人物充满了热爱、尊敬和探索的热情。他那些最好的服装系列，都是让他能感觉到自己与之有某种联系的系列，像是"开膛手杰克""高原强暴"和"纪念1692年萨勒姆的伊丽莎白·豪（In Memory of Elizabeth How, Salem, 1692）"。

对于我们而言，工作就是制造美妙的东西，享受其中的乐趣。我们当时因为没钱而遇到过很多困难，但我们有创意和灵感，足以让我们创造出了一些精彩的作品，度过了很开心的时光。当今年轻的设计师们应该明白，他们也可以做到。

＊ 西蒙·昂格莱斯

后 页 图 1991年春天，麦昆在约翰·麦克肯特瑞克的诺丁山工作室担任裁缝师制作的皮夹克和裤子，灵感来自于奴隶。麦克肯特瑞克1991年秋冬系列"祖先崇拜2：混沌中的魅力"（Manism 2—Glamour Out of Chaos）表现出麦昆早期所受到情色美学的影响，后来这一元素也成为了他自己作品的一部分。

早 期 的 秀

在创办自己的同名品牌之前的那几季中，麦昆一直在领取社会保障金。对他来说最急迫的问题是找一份工作，最好是给法国或者意大利品牌做设计。于是他去了伦敦丹泽（Denza）时尚猎头公司，面试他的是爱丽丝·史密斯和克瑞西达·派（Cressida Pye）。"我们看过他的秀，"史密斯说，"当他来找我们的时候，我们不约而同地说，'我们挖到宝了！'他方方面面的条件都很好。他的画很漂亮，充满了建筑的美感。他第一个要见的是 Alberta Ferretti，他穿着自己做的三件套西服来赴约——很聪明的选择，这让他看上去像一只小仓鼠。他是个很可爱的人，与其他面试者完全不同。可惜他没能得到那份工作。"不久之后，这两位年轻的女士就离开了丹泽，成立了自己的时尚猎头公司史密斯和派。

与此同时，麦昆作为助手为伊莎贝拉·布罗工作。约翰·麦克肯特瑞克还记得 1992 年的一天麦昆来拜访他的工作室，借了一些东西去拍摄：皮裤，还有马甲背心，上面都装饰着铆钉。"那是在周一或周二，就在那周的周六晚上，Ike Rust（现任皇家艺术学院男装教授）和我一起去南伦敦的一家同性恋酒吧。没想到就在那里撞见了李，当时他身上还穿着从我那儿借来的衣服，脖子上戴着一条他自己用蕾丝做的领带，头发往后梳得光光的。我们几个都笑得死去活来！"

在麦克肯特瑞克看来，麦昆身上这种全新的自信得自于圣马丁："他进步得很快。1993 年的时候，我曾被邀请去中央圣马丁的莱瑟比画廊（The Lethaby Galleries）参观一个叫作'Directions'的学生展览，策展人正是博比·希尔森。[1] 有一件麦昆设计的裙子从天花板垂挂了下来。那一年时装专业的毕业生侯塞因·卡拉扬[1]也参加了这个展。这个活动是三宅一生办的，楼下有一个派对。我坐在麦昆和安德鲁·格洛夫斯（麦昆的前男友，现在也是一名设计师）的身边，这时候来了一个女孩，她是个记者，于是麦昆起身跟她攀谈起来。突然之间，我像是认不出他来了——我意识到他现在对于所有造型师、摄影师、记者的名字都烂熟

---

1. 侯赛因·卡拉扬，著名的比利时时装设计师。（译者注）

于心。他前所未有地野心勃勃。"

他的自信同样也来自于伊莎贝拉·布罗。布罗很慷慨大方，她把自己形容为一个化学家："我喜欢把新人们召集到一起，通过直觉判断谁适合与谁一起工作。" [2] 显然，是布罗推了他一把让他自立门户，就像她对待另一个门徒，爱尔兰帽子设计师菲利普·崔西一样。"伊莎贝拉很支持麦昆，她是麦昆'自我发现'的关键。"爱丽丝·史密斯说。"他总是冲进 *Vogue* 编辑部去找她，以保证大家都知道他是谁。" [3] 据说布罗劝说麦昆放弃"李"这个名字转而用"亚历山大"，但麦昆却声称事实并非如此。显然，他自称"李"是为了迷惑卫生与社会保障部，因为他还在领取社会保障金。"有一次我向一个朋友介绍他是'亚历山大'·麦昆，他突然勃然大怒，"约翰·麦克肯特瑞克说，"'不要用那个名字！我他妈恨透了那个名字！'他喊道。"

← 伊莎贝拉·布罗和麦昆在一次时装发布会上聊天，德特马·布罗（Detmar Blow，伊莎贝拉·布罗的丈夫）在他们身后。1996 年，伊恩·R（Iain R）摄影

"我们辞职了，这让他很高兴 —— 这正好符合了他无政府主义的趣味 —— 他还问我们能不能帮助他。那时候他常常会背着一大塑料袋从贝维克街（Berwick Street）买来的布料，一路跑上楼梯来到我们的办公室，一屁股坐在沙发上，打开一份 *Drapers Record*（现改名为 *Drapers*），一边如饥似渴地翻阅，一边嘴里念叨着'时装，时装，时装！'他实在太爱时装了 —— 我们都记得他很喜欢海尔姆特·朗的外套。但他永远不会去模仿谁。当他开始谈论自己的工作，他就变得很不一样 —— 他会开始发呆，如果你这时候开了个玩笑，他会置之不理，继续发呆。"

* 爱丽丝·史密斯

她 对 人 的 影 响，

就 像 是 一 种 病，

一 种 绝 症——

她 的 一 举 一 动 都 会 为 你 带 来 改 变。

★

亚 历 山 大 · 麦 昆

"我在一件定制的塔夫绸夹克上印了一个巨大的特拉维斯·比克尔（Travis Bickle）肖像（德尼罗在电影《出租车司机》中的角色）。那个系列（"出租车司机"）的衣服全都没有了，因为在办完秀之后，李和我把所有的东西都塞在黑色垃圾袋里面上了一辆出租车。在回家路上我们临时决定去国王十字街一家地下俱乐部玩玩。我们把袋子都塞在了垃圾箱后面，这样就省得付俱乐部的存包费了。我们跳了会儿舞，喝了点雪利酒，出来的时候却发现包都不见了，都被垃圾车收走了！

＊　西蒙·昂格莱斯

↓　"但丁"系列中一件文艺复兴织锦风格的夹克，由爱丽丝·史密斯提供。袖子的剪裁和撕毁造型，灵感来自于 1589 年胡安·德·阿尔塞加的《裁缝样书》。

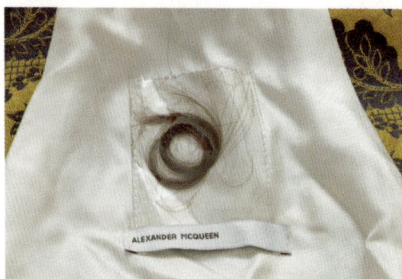

"李的所有时装系列都带着点半自传的意味，"安德鲁·格洛夫斯说，"他的第一个系列'出租车司机'指的就是他父亲。"[4] 麦昆在 2002 年一次 *Vogue* 的采访中也表达了差不多的意思，但他是一个很注重隐私的人，有许多细节一直都没有向媒体曝光，直到在 1999 年《女性时装日报》的一次采访中，人们才了解到为什么他一直在塑造"强壮"的女性形象等关于创作的心路历程。很显然，他在做"出租车司机"系列的时候参考了马丁·斯科塞斯 1976 年的同名电影，而这系列中最显眼的形象就是德尼罗在电影中扮演的多灾多难的角色特拉维斯·比克尔。那年 3 月，这场秀在切尔西国王路上的蓝鸟车库酒吧（Bluebird Garage）举办。麦昆从贝维克街的批发商那里搞到了非常便宜的面料，还打算在发布会结束以后让史密斯和派时尚猎头公司把整个系列的衣服都拿去瑞兹酒店的小房间里给媒体和买手观赏。

"我一看到那场秀，就意识到他的才华是多么强烈，"博比·希尔森说，"那场秀很浪漫，跟他之后那些充满反叛意味的作品不同。这一系列的服装轻盈而奇异。一切都是白色的，模特们光着脚走过 T 台。为了能最全面地感受他的才华，这一系列服装一定要在发布会现场看。他

丰富的想象力能把你摄入他的世界里。"史密斯和派也说："那场秀是革命性的——跟当时的其他东西完全不同。"实际上，秀场里所有人都得站着。"一切都太酷了！"当时担任《眩晕》（*Dazed & Confused*）杂志时装总监的凯蒂·英格兰说，"那些模特都带着陶土妆容出现。那场秀上有太多美丽的事物了——它们源源不断地出现。"[5] 服装的裁剪很精确，而麦昆的杀手锏还包括了蝗虫、虫胶和人发之类的元素；铁锈被加进了面料，层层欧根纱之间点缀着串珠——这也许是从立野浩二那儿学到的？

在发布会的最后，麦昆只是从后台迅速探了一下脑袋。他是怕被卫生与社会保障部的人认出来。"那场秀，"史密斯和派说，"和那之后的一系列活动，都是精心策划好，让他获取曝光率的。他先办了一场秀，这样大家就能注意到他了。"刚开始的时候捧场的人还不是很多，史密斯说，"但是伊莎贝拉带来了很多关注，她让哈密什·博尔斯（Hamish Bowles[1]）和 *Vogue* 杂志都开始关注他（*Vogue* 杂志在 1994 年 6 月号第一次刊登关于麦昆的文章）。我们开始接到很多电话。其中有很大一部分来自巴黎那些疯狂的女士，颤抖着声音说，'我要买那条裙子。'当然，麦昆无视了她们。"

当时麦昆没有钱批量生产自己的设计，更别提做高级定制了。"出租车司机"系列算是展示的样品。每一件衣服都用密封在塑料里的人发做成了商标，这是麦昆作品的象征，还带着一丝恋物意味。当然，他很快就没法用自己的头发来做商标了，开始请发型师在美发沙龙的地板上帮他搜集头发。但"向死而生"的死亡美学却由此在他身上开始萌发。

媒体也开始跟进。爱丽丝·史密斯安排了记者凯蒂·韦伯（Katie Webb）在《天空杂志》（*Sky Magazine*）上为麦昆写一篇人物介绍。[6] 这篇人物介绍中的内容，像是麦昆 3 岁时就在墙上画了一张灰姑娘，在后来被引用了一遍又一遍。然而，在摄影师理查德·伯布里奇（Richard

---

1.哈密什·博尔斯，著名英国时尚评论家。（译者注）

Burbridge）拍的肖像中，这位设计师的脸上缠满了电工胶带，这让编辑勃然大怒。那时候，麦昆、格洛夫斯和他们的朋友"特里克西 Trixie"（原名尼古拉斯·汤森德 Nicholas Townsend，他的女装扮相是模仿《刀锋战士》中瑞秋 Rachael 的造型）在去酒吧狂欢之前很喜欢在脸上缠上电工胶带来取乐，但麦昆在拍照时这样做并不是为了表达什么个人态度，而是想要躲过卫生与社会保障部的人。后来《每日邮报》决定做一篇关于"设计师和他们的缪斯"的专题。[7] "李打来电话问我，'你愿意做我的缪斯吗？'"爱丽丝·史密斯说，"于是我就化上浓妆，在脑袋上戴满了西蒙·昂格莱斯的猎场看守人父亲提供的野鸡羽毛，去拍了一组照片"。

"虚无主义"

Nihilism

1 9 9 4 春 夏

✳

在麦昆的下一个系列"虚无主义"中对于女性形象的刻画让媒体感到不安，也让舆论一片哗然。人们认为麦昆表现出了强烈的厌恶女性的倾向，这让他的朋友爱丽丝·史密斯和克瑞西达·派至今都很不知所措。"他肯定是热爱女性的——'强壮'的女性——比爱男人更多。"史密斯说，"我还记得他跟我说，'我真的很希望女人能感到强壮和充满力量，我不想把我自己投射到设计的服装上——我希望一个女人穿上我的外套，然后好好地做她自己。'"

安德鲁·格洛夫斯强调说，麦昆的灵感来源远远不止于时尚界，还包括了艺术、电影和戏剧："让他不能理解的是，为什么时尚对于女性的解读只有那一种呢？他的女性朋友们，无论是异性恋还是同性恋，都会去同性恋酒吧，她们都有很强烈的人格。他喜欢她们。""李身边的女人们——共同点并不在于她们无坚不摧，而是说她们都很自信。她们中的大多数在学校的时候都曾是'边缘人物'，和大多数人或多或少有些不一样。无论高矮胖瘦，那些中性气质的女人们都很能掌控自己的生活。这种'强大'存在于她们对自己的认识中，当你在酒吧里和这些'边缘人物'一起玩的时候，也能得到这种坚强。"异装艺术家特里克西说，"我的造型很朋克。"他补充道。

← 一件伊丽莎白时期风格的撕毁上衣，透过下摆处透明的内搭能看见模特的私处，搭配中学女生式的长筒袜。马里昂·休谟把麦昆在伦敦时装周的首秀形容为"一次可怕的发布会……充满了受虐的女人，暴力的表达，就像身在野蛮的、滥用毒品的、得半裸着参加的酒吧夜生活"

"他不是个知识分子。"博比·希尔森说，"他只是凭直觉做事，而且在 T 台上，他也不是很善于表达"。而麦昆这一系列服装的主题是关于女人应该坚强，而他通过自己的裁缝技巧来传达这一观点。

他的第二场秀是那一届伦敦时装周最热门的一场，马里昂·休谟（Marion Hume[1]）对于这场秀的评论道：时尚媒体都在 1993 年的 10 月期待着"新朋克"浪潮。[8]这股浪潮没有发生在苏荷区或是国王十字街的酒吧里，而是在麦昆的秀场上。他的"虚无主义"中包含了远超人们期待的文化元素。秀场上响彻强烈的、不时停顿一下的浩室音乐，模特穿着透明的食品保鲜膜做成的裤子走出来，她们胸部血腥的装饰则让人们想起《圣经》中被割去胸部的圣阿加莎，而超低腰露臀裤也出现了。《独立报》（Independent）给了休谟的评论文章一整个版面，标题是"麦昆的残酷剧场"——"在巴黎的美妙温柔之后，发生了一些惊人的事情。"

这一系列称得上是逆流而上，因为当时时尚界的主流既不硬核，也不看重裁剪。1989 年 12 月，Vogue 杂志预测说，1980 年代的注重裁剪的风潮将在时装史上"只是一个小小插曲，主流还将是随性的风格"。而这本杂志的 1993 年 8 月刊又预测了"新轮廓"（New Silhouette）的风潮，被弱化的肩部、旋转的长裙标志着柔软女性气质的兴起 —— 无论如何，这些都与气场强大的西装相去甚远。[9]

设计师唐娜·凯伦（Donna Karan）、里法特·沃兹别克（Rifat Ozbet）、卡尔文·克莱恩（Clavin Klein）和安·迪穆拉米斯特（Ann Demeulemeester）都加入了这一股风潮，而 Vogue 则形容说："那些希望给自己打造出强劲有力的着装风格的女人，最需要的是一杯强劲有力的酒"。麦昆却满怀激情奉上了那杯酒，带来了来自安德森和谢波德这一"伦敦剪裁"圣地的做工美妙的夹克，强调肩部线条，略微加大宽度，再配上如同鲨鱼鳍般锋利的翻领。这些夹克和礼服的前部都被裁短了，后部则拖得长长的。

---

1. 马里昂·休谟，美国《时代》周刊特约编辑。（译者注）

第一次出现在大众视野中的超低腰露臀裤，以及另外一些"衣不蔽
体"的造型，看上去更应该出现在沙滩上而不像是日常着装。超低腰露
臀裤的腰线比超低腰裤（Hipsters）还要低 2 英寸（5 厘米），内部加
了橡胶涂层，以免在穿着时会滑落。麦昆对 BBC 解释说，他希望打破"传
统的身材比例，改变平时我们认为女性应该呈现出的样子"。"我总是
希望挑战比例。我这样做只是为了加长上肢的长度，改变人们对比例的
观点。通常人们会想要拉长腿部线条，但我希望拉长上半身线条。"这
样的审美标准来自于同性恋者对于修长的上半身与较短的腿部的偏好。
"对于我来说，那一部分身体——不是臀部，而是脊椎的尽头——才
是人们身体中最具有挑逗性的部位，无论是男人还是女人。"[10]

下移的腰线很可能来自于胡安·德·阿尔塞加那本 1589 年版的《裁

缝样书》，在那本书中男士裤子的腰线就曾出现在臀部的位置或者更往下。把腰线与当代的裁剪技巧结合起来，麦昆打造了一种全新的具有情色意味的风格。

这一系列是在西蒙·昂格莱斯和李位于图丁的房子里设计出来的。西蒙在花园里用风干的蚱蜢做了一条裙子。弗利特·比格伍德（Fleet Bigwood[1]）负责设计和制作所有的印花。"整个系列都围绕着裁剪，"西蒙说，"我做了大量那样的工作。其中有一件惊人的夹克，是用烧毁的织金孔雀毛做的……娜塔莉·吉布森（Natalie Gibson[2]）告诉我她在中央圣马丁需要一个印花技师，于是我就去了，因此我们也有了个地方可以方便地为这个系列制作印花"。

《独立报》上的这篇文章还进一步把这个系列称为："可怕的集合……毫无品位的创新……为了原创所付出的昂贵代价。"在这篇文章看来，这个系列侮辱了女性。当然，文章也提及了麦昆出身于东伦敦的背景。虽然没有直接出现"厌女症"这个词，但是文章把他与其他一些被认为不尊重女性的设计师——比如说蒂埃里·穆勒、克洛德·蒙塔那和詹尼·范思哲——联系在了一切，表达出同样的态度。

无论大家对于麦昆形成了一种怎样的刻板印象，但媒体总算没有立刻把他称为"时尚界的比尔·塞克斯[3]"。[11] 作者马里昂·休谟很狡猾地写道："在这个圈子里，设计师们都对彼此的设计不屑一顾，总算来了一点新鲜东西。新鲜东西带来的惊奇就应该是：惊奇。"[12] "让媒体觉得他所有的设计之所以是那样的完全是因为他是在东伦敦长大的，这正合他的心愿。"安德鲁·格洛夫斯说，"他对此毫不辩解。他们有故事可以讲，就会放过他了。"与此同时，《每日电讯报》报道说麦昆在办完这次发布会后的 2 月份里卖掉了 200 件衣服。[13]

---

1. 弗利特·比格伍德，英国纺织品设计师。（译者注）
2. 娜塔莉·吉布森，中央圣马丁美术与设计学院的纺织品设计师。（译者注）
3. 比尔·赛克斯（Bill Sykes），狄更斯小说《雾都孤儿》中的反面角色。（译者注）

这位设计师开始社交了。1993年3月，麦昆在苏荷区的法式甜品店"贝尔陶克斯之家"（Maison Bertaux）举办了一场生日派对，只邀请了5名客人，其中包括了史密斯和派："他请了一位匈牙利手风琴手，我们坐在那儿喝酒，店主们忽然开始跳起了匈牙利舞蹈。有一次我跟他提起我看见一对同性恋人手牵着手，我觉得那很美好。他好像很受感动，因为他一开始对于自己是同性恋这件事很紧张，而这一事实也很难对他的某些家人提起，特别是他父亲……当然，他很想要小孩。"（后来他用养狗来代替——"它们总是爱着主人"——最开始是一只萨摩耶，然后是从猫狗之家领养来的一只叫作果汁的英格兰斗牛梗，和一只斯塔福郡斗牛梗薄荷。）

在麦昆办完首秀之后，约翰·麦克肯特瑞克（John McKitterick）赶来苏荷区找他。他回忆道："麦昆开始获得了信心，这是件新鲜事。他和（当时的）男朋友安德鲁·格洛夫斯在一起，他们正准备去当代艺术中心参加杰克和迪诺斯·查普曼兄弟[1]的展览'悲剧的自白'（Tragic Anatomies）的开幕式。"

麦昆还去参加了"睫毛狂欢"（Lash Bash）——异装角色史黛拉·斯坦（Stella Stein）（历史学家史蒂芬·布罗根 Stephen Brogan 博士）在苏荷区苹果树场（Apple Tree Yard）举办的生日派对。随便什么人，只要戴上假睫毛就可以参加这场派对。"身体地图"[2]的设计师大卫·霍拉（David Holah）打扮成玛莉莲·梦露的样子从李·本杰明（Lee Benjamin[3]）做的一只7英尺（2米）高的"蛋糕"中一跃而出，为史黛拉唱了一支生日歌。"我们接着表演了'两个来自小岩城的小姑娘'（玛莉莲·梦露和简·拉塞尔（Jane Russel）在电影《绅士爱美人》中

1. 迪诺斯·查普曼兄弟，英国观念艺术家。（译者注）
2. "身体地图"，1980年代英国品牌。（译者注）
3. 李·本杰明，时装设计师，中央圣马丁的讲师。（译者注）

演唱的），但是把歌词改成了'我们是两个喜欢大老二的小姑娘'。"史蒂芬·布罗根博士说。"李是被我们共同认识的朋友，时装设计师苏·斯坦姆普（Sue Stemp）请来的——我还记得李坐在沙发上，和维维安·韦斯特伍德来的男孩儿们一起哈哈大笑的样子。"

1994年11月24日，他去看了"薄荷"（Minty）——艺术家雷夫·波维瑞组的演出团——在沃德街自由咖啡馆（Freedom cafe）的表演。在那场演出中，波维瑞假装在舞台上生产尼可拉·波维瑞。"麦昆很崇拜雷夫，"布罗根（也是波维瑞之前的污水剧团Raw Sewage的一员）说，"我记得他曾和雷夫一起出现在金基·格林基（Kinky Gerlinky）俱乐部"。[14]

在与约翰·麦克肯特瑞克和立野浩二共事过后，麦昆把自己的时尚触角深深地扎根于20世纪80年代的伦敦——那里意味着俱乐部文化，也意味着冲击时尚界现状的强烈愿望。安德鲁·格洛夫斯说，麦昆是一个来自于金基·格林基俱乐部鼎盛时期的人。这家俱乐部在1989年4月开业，是前川久保玲的模特迈克尔·科斯狄夫（Michael Costiff）和他的妻子吉尔林·德科斯狄夫（Gerlinde Costiff）一起开的，他们还在考文

← 1994 年 11 月 24 日，在沃德街自由咖啡馆，观众们在观看波维瑞和他的 "薄荷" 剧团的表演，其中包括一些伦敦最无法无天的同性恋名流。"薄荷" 剧团成员包括了理查德·托里（Richard Torry[1]）、尼可拉·波维瑞[2] 和马修·格莱莫（Matthew Glamorre[3]）。西蒙·昂格莱斯与麦昆坐在最前排的右边，和苏·蒂利（Sue Tilley）在一起。其他出席者还包括画家路西安·弗洛伊德（Lucian Freud），安东尼·普莱斯，马克·阿尔蒙德（Marc Almond[4]）和污渍（Blur）乐队、山羊皮（Suede）乐队和绿洲（Oasis）乐队的成员。这是波维瑞的最后一次演出，他在 1994 年 12 月 31 日去世。

↓ 雷夫·波维瑞在连衣裙下面用一套马具把尼可拉·波维瑞固定在自己身上。他将要在自由咖啡馆的舞台上把她 "生产" 出来。但他得知 "薄荷" 剧团被《太阳报》称为 "世界上最变态的组合" 时，激动万分。拍摄这张照片的 A.M.汉森说，"这些照片中所体现出的边缘文化，正是麦昆的最爱"。

---

1. 理查德·托里，作曲家、DJ。（译者注）
2. 尼可拉·波维瑞，雷夫·波维瑞的女儿。（译者注）
3. 马修·格莱莫，著名 DJ、导演和表演艺术家。（译者注）
4. 马克·阿尔蒙德，英国流行歌手。（译者注）

特花园开了一家"世界"（World）精品店。"他们在新伯灵顿（New Burlington）街的"传奇"（Legends）俱乐部办了一场成功的派对之后，决定开一家自己的俱乐部，"史蒂芬·布罗根博士说，"一直开到 1994 年夏天。在开业的一年之内，金基就成为了伦敦最前卫的俱乐部，那里有大量的异装癖、很酷的浩室音乐和迪斯科舞曲，时刻洋溢着嘉年华般的派对气氛。大多数宾客是男扮女装，喝得醉醺醺的来这里尽情玩乐。但是金基·格林基同样也能吸引来很多盛装打扮的女人——有同性恋也有异性恋，还有肌肉猛男、色情狂、溜冰者，以及好奇的异性恋者——所有你能想到的人都去了。那时候，那里有形形色色的人，充满了勃勃生机。" [15]

　　安德鲁·格洛夫斯还记得麦昆有一次去金基·格林基玩的时候戴了一顶分成三绺的假发，中间高耸，两边的头发长长的——就像小丑。这似乎是在打趣约翰·加利亚诺在巴黎 1993 春夏秀场上设计的假发，以及 19 世纪 30 年代中期（洛可可艺术盛行时期）出现的奇奇怪怪的发型。那不仅仅是麦昆的个人表演，后来他把同样的造型放进"旋转木马（What a Merry-Go-Round）"系列发布会，搬上了 2001 年秋冬秀场。约翰·麦克肯特瑞克说，通过与麦昆的交谈，他觉得麦昆认定了约翰·加利亚诺是英国成功设计师的标杆——"麦昆对他很着迷，一心想击败他。"到了 1994 年，麦昆开始融入艺术界和时尚界的同性恋亚文化，和他们中的很多人进行了合作，其中最值得一提的是参与了"解脱（Deliverance）"系列发布会的舞蹈家迈克尔·克拉克（Michael Clark[1]）和参与了"卡洛登的寡妇"系列发布会的电影导演巴利·沃尔什（Baillie Walsh）。雷夫·波维瑞身上所表现出的打破传统的粗暴和惊人的价值观，深深地影响了麦昆关于时装秀的看法。百无禁忌。

1. 迈克尔·克拉克（1962—　　），苏格兰舞蹈家和编舞家。（译者注）

↑ 1995 年 2 月 14 日情人节，麦昆和安德鲁·格洛夫斯（当时叫作 Jimmy Jumble）在东伦敦贝斯纳尔格林（Bethnal Green）区的 Link Leisure 工作室。"李不想被我拍下来，所以他冲我伸了一根手指。"A.M. 汉森说。

李很爱雷夫·波维瑞。

"薄荷"剧团在自由咖啡馆进行最后

一场演出时，

我们俩都坐在第一排。

李看上去受到了惊吓，

但他还是很喜欢整场演出。

★

西蒙·昂格莱斯

女 妖

Banshee

1994 — 1995 秋 冬

＊

麦昆的第三个系列"女妖"在伦敦的巴黎咖啡馆（Café de Paris）展出。他对《每日电讯报》说，这一系列的主题是路易斯·布努埃尔（Luis Buñuel）的电影《白日美人》（*Belle de jour*），在片中凯瑟琳·德纳芙（Catherine Deneuve）饰演一位自愿为娼的良家妇女，穿着全套伊夫·圣·洛朗（Yves Saint Laurent）的行头。当然他这么说是开玩笑的，麦昆可不会落入俗套。爱丽丝·史密斯就说过："在公众宣传方面，李并非一无所知。他会绷着脸说，'卡尔·拉格斐（Karl Lagerfeld）会来看我的秀'或者'迈克尔·杰克逊会到场'，当流言传开后，有人会打电话来询问真假，我们就会说，'听说如此。'他很会投机，忽悠起来绝不含糊。"

因此在设计这一系列时，他选取了凯尔特文化及爱尔兰／苏格兰传说中的"beansith"或"banshee"作为灵感来源。那是冥界的女妖，如果看见她在洗某人衣物上的血迹，就意味着此人将死。这一系列由"史黛拉（Stella）"干啤和《眩晕》杂志赞助。有位模特所穿的白衣从脖颈到膝盖以上都浸染上渐变的血红色，配上透明欧根纱制成的飘逸白裙。麦昆以其传统的缝纫风格，逐渐建立起自己的招牌造型。超低腰裤再次出现，这次搭配合身的军装风夹克，饰有金色穗带，翻领直开到腰部，显露出模特诱人的肉体。这一系列中还有灰绸及膝长外套，配短直裆喇叭口长裤——似乎是在嘲讽吉布斯和霍克斯的裤装造型。在发布会上出场的还有他心目中的"真女人"：一位临产的女人，留着爱尔兰光头女歌手辛妮·欧康纳式的光头，摆出的动作则模仿扬·范·艾克 1434 年的油画《阿尔诺非尼夫妇》，这是麦昆"最爱的画作"。[16] 模特头部用银色

↑ 麦昆把这个系列叫作"海妖"。"女妖"系列象征着凯尔特神话中神秘的精灵世界,也暗含了小说《海妖觉醒》(*The Kraken Wakes*)中破茧而出的意象。因此在 T 台上,象征着约束的石膏模制紧身胸衣被当场打碎。这一系列诞生于麦昆与西蒙·昂格莱斯在图廷合住的房子中,西蒙天天在后院折腾石膏灰泥。弗利特·比格伍德设计并制作了所有印刷图案。

喷漆喷上了"麦昆"字样，伊莎贝拉·布罗头上也是如此（布罗以一袭史黛拉·坦娜特（Stella Tennant）在 Vogue 杂志"伦敦宝贝"专题中穿过的蕾丝裙登台走秀，这一专题由布罗与乔·麦肯纳（Joe McKenna）造型，刊登于 1993 年 12 月刊）。[17]

约瑟夫·艾特德圭（Joseph Ettedgui[1]）在 Vogue 杂志上称赞麦昆为"英国时尚界的新兴力量"；著名的鞋履设计师马诺洛·伯拉尼克对该杂志说，这一系列是"现代时装"。至于它唯一的问题呢？是想法太多了。"我觉得没有支持的话，我肯定难以走远，但是我不知道上哪儿去找一个实力雄厚的支持者。"麦昆对《每日电讯报》这么说。[18]尽管如此，他那件高腰线下缀以三层矩形雪纺的蓬蓬裙，现在已经挂在了伦敦南莫尔顿大街佩里卡诺（Pellicano）百货商店的寄售柜台。

1994 年初，麦昆在坎普顿酒吧认识了安德鲁·格洛夫斯，那是苏荷区老坎普顿街上一家著名的同性恋酒吧。介绍两人相识的是他们共同的

---

1. 约瑟夫·艾特德圭（1936—2010），英国设计师于 1983 年创立 Joseph 品牌，经营时尚男女装。（译者注）

设计师朋友大卫·卡波（David Kappo[1]），他也是圣马丁中央学院圈子中的一员。"当时人人都在谈论李，"格洛夫斯说，"而且我们都有戏剧背景。"格洛夫斯曾为戏剧《西贡小姐》制作道具，而麦昆负责制作戏服。当时麦昆住在埃塞克斯的克莱普顿西斯地区他姐姐的一幢平房中，有火车通往利物浦大街车站。"起居室里有一块很厚的长绒毯，插满了大头针，还有一台缝纫机，一张工作台，就这些，没别的了。"格洛夫斯回忆道："李教我怎么缝褶边，我们一起为佩里卡诺百货商店缝制了那条雪纺连衣裙。"与此同时，麦昆正在为爱丽丝·史密斯缝制裤子。"我负责买布料，他过来以后把布料摊在地板上就开始剪裁，看上去非常自信。'你确定要做成高腰吗？'他会这样问。我觉得他是想让我穿他的超低腰露臀裤，但他还是给我做了很漂亮的阔腿裤。"

克莱普顿西斯地区位于郊区，距离伦敦市中心坐火车要半个小时。因此那个夏天，伊莎贝拉·布罗提议麦昆和格洛夫斯搬到她位于海德公园旁边伊丽莎白大街67号的房子地下室去住。房子当时空着，因为隔壁那座房子据说受到了诅咒，而且当时已经半坍塌了。他们随身带来了缝纫机和工作台，但是条件仍然艰苦：没有热水，没有电，他们也没钱。此时，跻身时尚界的麦昆迎来了至关重要的第三个系列，时尚行业对这个系列可不会睁一只眼闭一只眼，这是检验设计师是否真有才华和灵感的一关，他得用心表达了。然而，9月系列的赞助还没有着落，于是他和巴格利制造厂谈了一笔特别交易，还用捡来的建筑工的塑料颜料包装袋做出了一条裙子。安德鲁·格洛夫斯回忆道："他听说国王十字站的巴格利仓库空着没用，就上门去问我们能否借用场地办秀。那间仓库就是个大空壳，工地上只有间孤零零的简易房，我看着他走上前去敲门。工头在里面，他和他商量能否借场地给我们办时装秀。他们谈好了价钱，后来他又拿到了史黛拉干啤的赞助。

1. 大卫·卡波，英国时装设计师，现任教于中央圣马丁学院时装设计系。（译者注）

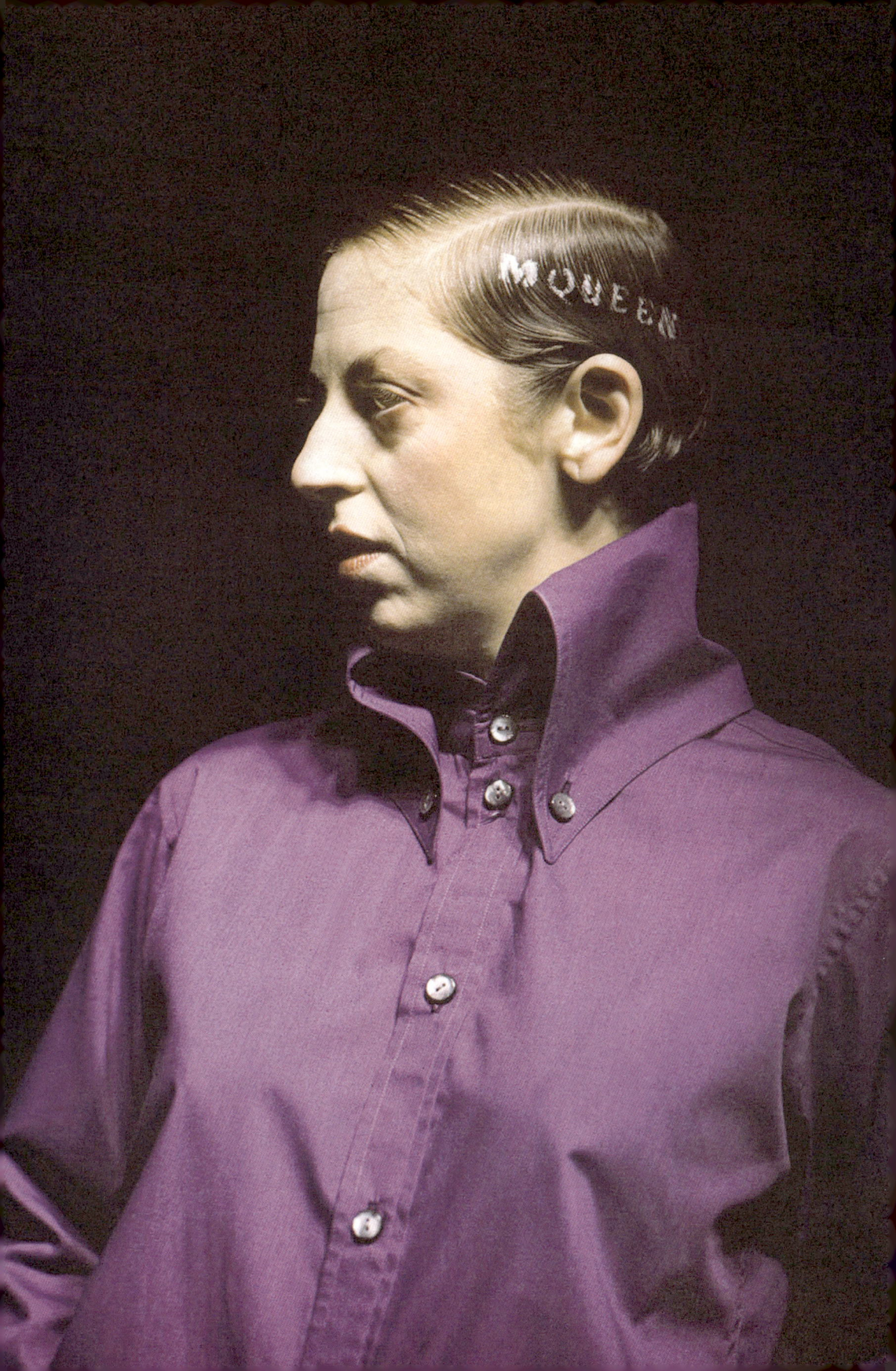

群 鸟

The Birds

1995 春夏

✳

这一系列叫作"群鸟"，名称源自阿尔弗雷德·希区柯克（Alfred Hitchcock）的同名电影《群鸟》（1963），由麦昆、格洛夫斯和大卫·卡波合力打造，饰物由珠宝设计师及艺术家西蒙·克斯廷提供，印刷图案由西蒙·昂格莱斯设计——这就是麦昆早期的创意"团队"。与其他几场秀一样，这一主题层次很多，融入了他对鸟类的热爱，鸟群的形态以及鸟儿飞翔的姿态。他研究了艺术家 M.C.埃舍尔（M.C.Escher[1]）的鸟类图解（将它们变形为几何图案），并选择了其中一个加以发挥。昂格莱斯某个周六在斯特拉福德一所大学印刷好布料图案后，不得不借了30 英镑好雇一辆出租车将布料送回去。

群鸟中的鸟儿是燕子（长久以来水手喜欢把它们文在身上，象征自己已经航行了 5000 海里），不过它们也代表了男子汉的勇气和坚持，为光头男所喜爱——这也是麦昆钟爱的形象之一。"李坐在那儿缝制衣服的时候最开心了，"格洛夫斯说，"比如系列里所有原版服装的纽扣眼都是他亲自打的。这是设计程序的一部分，涉及决策与方向——他很喜欢这些"。格洛夫斯也认为剧院对麦昆的影响远大于萨维尔巷，这一系列中就有不少戏剧元素及意外效果。他请女服胸衣设计师铂尔（Pearl）先生制作一件胸衣并穿它走秀，于是铂尔来到伊丽莎白大街试装，

---

1. 莫里茨·科内利斯·埃舍尔（Maurits Cornelis Escher，1898—1972），荷兰版画家。（译者注）

← 黑色雪纺礼服裙，饰以西蒙·昂格莱斯的印刷图案。这件简单的雪纺裙已在伦敦时尚街区南莫尔顿街的佩里卡诺百货商店售出。

他的腰围整整有 18 英尺（46 厘米）。登上 T 台的时候他停顿了一下，那紧束蜂腰的剪影投射出一片巨大的阴影。他接着走了下去。一个拥有维多利亚时期女性完美细腰的男人，穿着剪裁讲究的短外套、紧身窄裙和衬衫，打着领带。

这是麦昆首次让男人扮成女人在 T 台上走秀 —— 这和异装癖完全没关系，而是对于完美的另一种解读。系列中另一个主题是公路上被轧死的动物，模特和布料被精致地印上了轮胎印。不过对于麦昆厌恶女人的指控再次出现了，他断然否认了这种说法，声称："我设计服装为的就是不让女人看起来无辜又天真，因为我知道那样对她们没好处，我希望女人看起来更强。"这组塑料材质与格格不入、冲击性强的印刷图案，源自自然的灵感，以及全新的、充满力量的肩部设计所组成的实验性作品，让人回忆起同样极具实验性且饱受争议的设计师艾尔莎·夏帕瑞丽。这位令人敬畏的独立女人，给 20 世纪 30 年代同样具有独立精神的女人们穿上了安德森和谢波德裁缝店不可能做的服装。麦昆的父亲在结束前溜了进来，在后排看完了儿子的时装秀。

↑　1995 年春夏系列"群鸟"，烧毁效果的银色小羊皮长外套，里面仅仅搭配了一条内裤。在上台前一分钟，模特的身体上才被印上了轮胎印。西蒙·克斯瑶说，"这是我第一次参与群台背景设计。我们没有什么预算，但却希望讲述一个关于车祸和希区柯克的电影《群鸟》的故事。于是我在 T 台上刷出了白色的道道，让它看上去像是马路。"

↓　女式胸衣设计师铂尔先生身穿一件黑色夹克上台走秀。夹克的扣子扣在他 18 英尺的腰部，下面搭配一条燕子印花的裙子。对于麦昆来说，所有关于性别和"正常"的规则都是用来挑战的。

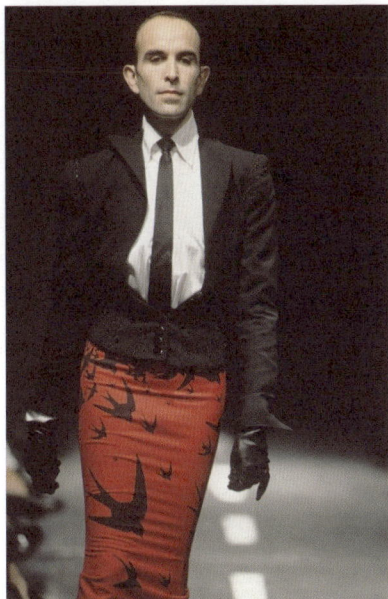

↓　亮橘红色西装，西蒙·昂格莱斯为它印上了黑色的燕子图案，这一图案的灵感来自于荷兰艺术家 M.C. 埃舍尔，西蒙·昂格莱斯把这图案设计为黑色。注意侧边接缝处的口袋细节。

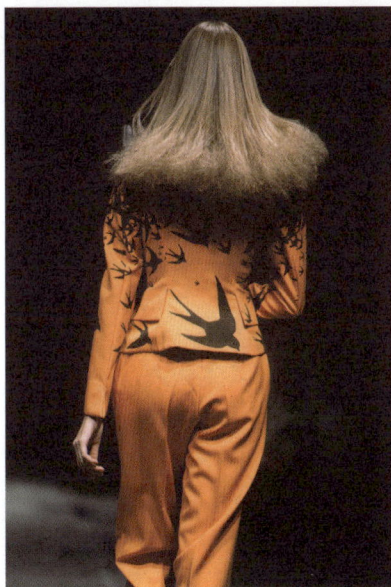

"通过设计'群鸟'系列，我们第一次意识到我们似乎达到了某种可以'发声'的高度，这一切不仅仅是为了好玩而已。当我看到其中的新意时，我背后的汗毛都竖了起来。这是属于时装的瞬间，人们已经准备好了迎接定制的和充满现代感的服装，而这一系列服装也早在普拉达（Prada）的尼龙系列之前在面料方面借鉴了运动装。这一系列的影响是现象级的。我觉得这些衣服足以在任何地方登台。我们没有买布料的钱，所以我从圣马丁拿了所有的材料，包括那种可爱的亮橘红色布料，然后在我的大学里完成了印刷工夫。'这场秀真精彩啊，等等'，圣马丁的人这么说。我想，'没错！你们都没能认出你们自己的布料！'"

＊　西蒙·昂格莱斯

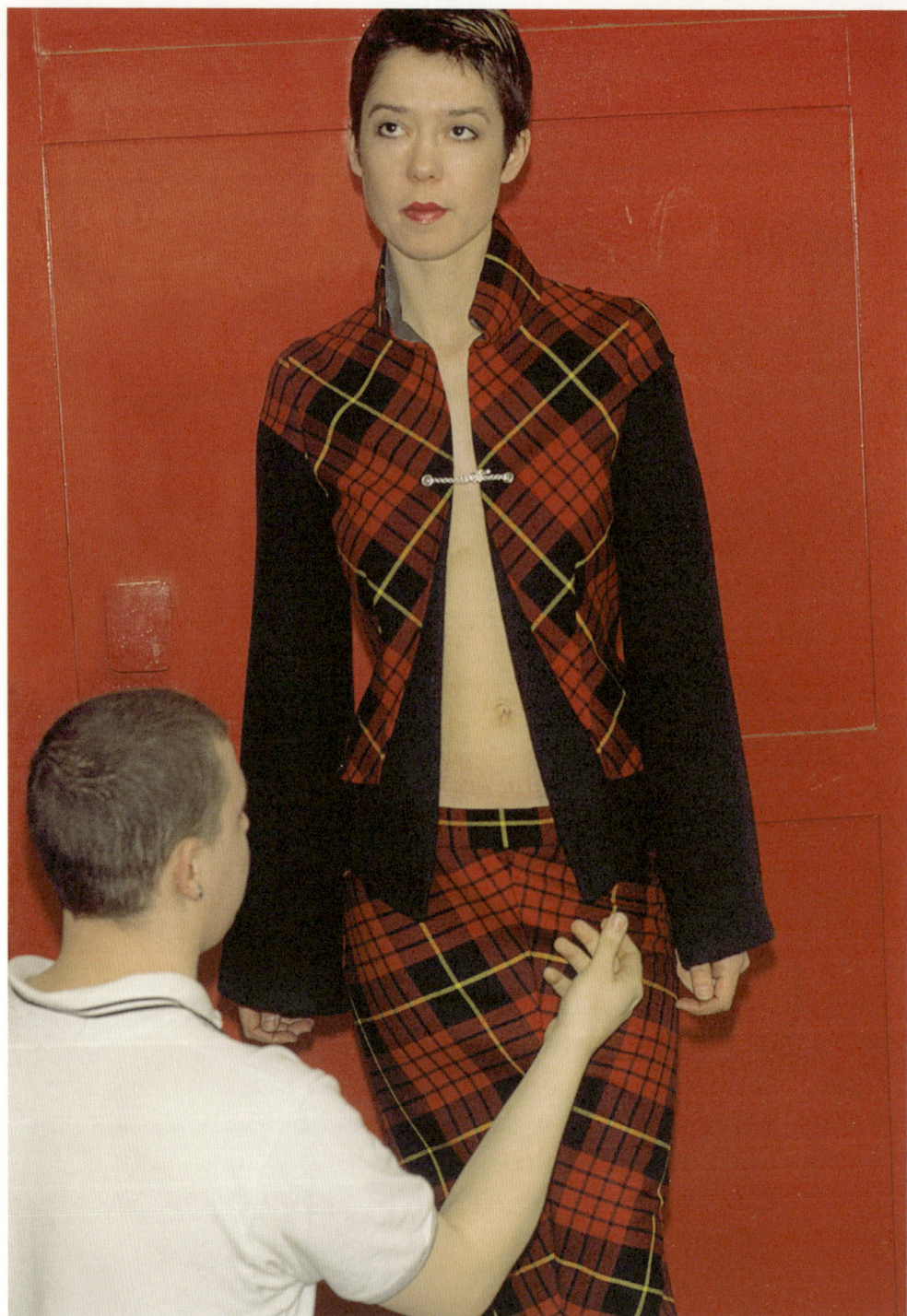

高原强暴

Highland Rape

1995 — 1996 秋冬

✳

"群鸟"系列是饱受指责的"高原强暴"系列的序篇。在"群鸟"发布不久之后，意大利都灵的奢侈品生产代理商伊欧·博驰（Eo Bocci）就打来了电话。麦昆和格洛夫斯又借了点钱打车去苏荷（Soho）区会见博驰先生。博驰提出给麦昆10000英镑，换来在他公司中的大部分股权，但麦昆拒绝了。最后他们达成一致，伊欧·博驰负责麦昆在意大利地区的生产和销售。这是一个巨大的突破，服装的销售得到了保证，麦昆就能专心于设计工作了。[19]

李把工作室搬到了位于克勒肯维尔巷31号的克勒肯维尔创意园区，这里距离伦敦圣保罗地区和伦敦金融城都不远，这样他就可以很方便地去父母家和位于东伦敦的格洛夫斯家。此时他已经结识了造型师凯蒂·英格兰（Katy England）（当时她正在《眩晕》杂志工作），很可能是在设计"海妖"系列时通过两人的共同好友设计师苏·斯坦姆普介绍认识的。凯蒂·英格兰拥有利落的发型、沉稳的实力和独到的眼光，不久她就成为了麦昆的密友和造型师。"他喜欢我的打扮，觉得我能带来点新东西。"她对《女性时装日报》说。[20] 伊莎贝拉·布罗是麦昆的朋友，而合作伙伴这一角色则属于凯蒂·英格兰。而后者在描述麦昆的外表时表现出了同样的反叛精神："我喜欢亚历山大的衣服中那些朋克元素

← 麦昆正在为凯蒂·英格兰试装，她在筹备"高原强暴"系列期间加入了麦昆的团队，并为发布会做造型。她是麦昆的缪斯，并与他在精神上高度和谐：叛逆、质疑、带动时尚革命。格纹图案经过美妙的斜裁，不仅更合身，也令穿着更舒适。衣袖的上半部分也使用了格纹布，并在肩部形成优雅的线条。

和硬核气质。"[21] 他们二人的合作，就像是约翰·加利亚诺和阿曼达·哈莱克（Amanda Harlech[1]）联手，是相同观点的融汇，为他的工作带来了无穷的动力。

在麦昆的第五个系列"高原强暴"中，他们二人第一次合作。每一个苏格兰人，或是像麦昆这样的苏格兰人后裔，或多或少都会记得苏格兰那段苦难的历史。对麦昆来说，这是他自我身份认知的一部分，而且他对于那段高原上的祖先被劫掠的历史更是耿耿于怀。从政治意义上来说，1995 年是个意味深长的年份，苏格兰制宪会议发表了"苏格兰议会，苏格兰权利"的最终报告，呼吁授权建立苏格兰议会。在同一年的 4 月和 5 月，两部类似题材的好莱坞大片上映，分别是《罗布·罗伊》（*Rob Roy*）和梅尔·吉布森的《勇敢的心》（*Brave heart*）。无论是罗布·罗伊还是吉布森扮演的威廉·华莱士，都是浪漫的民族英雄形象，像是从苏格兰作家沃尔特·司各特（Walter Scott）笔下走出的人物。吉布森的作品不仅激起了苏格兰独立运动，在电影界也收获了现象级的成功。而麦昆凭直觉意识到了这股浪潮，继承了这两部电影的主旨，设计了这一系列。

"强暴"一词在这里的内涵受到了争议，但对于麦昆来说，这意味着"灭族"，也就是对于文化的"强暴"，而且他也不打算对使用这个词道歉。不幸的是，伦敦的观众对于这场他们没有亲眼见到或者经历的发布会，反响一如《勇敢的心》上映时那样。如果他们参加了这次发布会，恐怕他们会说，麦昆只是在拿陈年往事作为灵感来源。他们认为麦昆又在侮辱女性，而在设计方面只是重复了维维安·韦斯特伍德对于格纹图案的运用。"他们完全误解了'高原强暴'，"麦昆对《星期日泰晤士报》（Sunday Times）说，"这个系列并没有反对女性。而是反对维维安·韦斯特伍德创造的虚假历史。她让格纹看起来可爱又浪漫，而且试图让人们相信它本该如此。实际上，18 世纪苏格兰的真实场景根本不是应该

1. 阿曼达·哈莱克，曾任时装编辑，作为缪斯和"创新顾问"与卡尔·拉格菲尔德和约翰·加里亚诺等一流设计师共同工作。

↑ "高原强暴"是麦昆最惊世骇俗的一场发布会，同时也成就了他的盛名。充满男性气质的军装风格护肩上印着麦昆的格纹图案，边缘处是苏格兰女王玛丽·斯图尔特式的褶边领，上衣是透明的，超低裆露臀裤被剪裁到一个危险的高度，而面料在臀部则被刻意磨损了。中央圣马丁的学生们大量复印了邀请函，而伦敦时装周的帐篷差点被挤爆，麦昆的朋友们都被挡在门外无法挤进去。有些观众甚至因为被挤得要呕吐而离开。

084

是美丽的女人裹着复杂的雪纺衣服游荡在荒野上。"[22]

　　随后，韦斯特伍德愤怒地反击了，她把麦昆称作"毫无才华者"的标杆。但麦昆是正确的：每个家族特有的格纹图案直到19世纪才正式出现，而《威斯特敏斯特法令》也判定穿戴格纹为违法行为。麦昆在发布会上展示了属于自己的家族格纹图案，并借此表达了自己对两桩历史事件的愤怒：1745年雅各派叛乱后的时期，以及19世纪的"高原大清洗"。在"高原大清洗"中，萨瑟兰伯爵夫人等土地主驱赶佃农们，以便在土地上饲养羊和松鸡，这造成了大饥荒以及大量苏格兰人逃难前往美洲。虽然在如今这个信息化社会看来，麦昆对这段历史所做的研究以及他妈妈乔伊斯对于历史和家族起源的热爱对他造成的影响都算不上什么，但

←　↓　灰色蕾丝裙被裁开，凸显出花朵的形状以及模特的身体。被撕破的熏衣草色丝绸上衣似乎暗示着曾发生过强暴，高腰短裤上镶嵌着烟头，而正中间的一系列褶皱让人想起嘴唇。

当时情况却完全不同。2004 年时，乔伊斯为《卫报》采访他的儿子时曾问道："苏格兰人的血统对你来说意味着什么？"回答是："一切。"[23]

借助生平第一台专业的裁床，麦昆和格洛夫斯在位于克勒肯维尔的工作室创作了"高原强暴"系列（两个来自中央圣马丁的实习生完成了所有的加工工作）。几位得力助手也正式加入了他的团队：特里诺·韦卡德（Trino Verkade）担任他的第一位公关，[24] 凯蒂·英格兰担任试身模特和发布会的造型师。他们选出了大概 30 套服装在发布会上展示（他们其实制作了比这个更多的服装，但是按照惯例需要挑选出部分参加发布会），这相较于平时要少，因为使用格纹图案进行斜裁需要大量时间和技巧，才能让每一个格子都能在最后的成品上完美对接。他们在苏荷区的巴里市集（Barry's Market）购买 3 英镑一米的蕾丝。而珠宝匠肖恩·利尼也是首次与他的朋友麦昆正式合作，创造出了"阿尔伯特（Albert）"表链。对于麦昆来说，这场发布会的名字引起了争议，也带来了关注。如果称呼它为"高原放纵"，显然就没法达到同样的效果。

这也是麦昆第一次正式参加 3 月的伦敦时装周，在自然历史博物馆外面英国时尚协会的官方帐篷里办秀。麦昆这场秀的门票是时装周期间最抢手的一张，帐篷外汇聚了人山人海（爱丽丝·史密斯还记得艺术系的学生们甚至试图从帐篷下面爬进来）。印着一个男人胸膛的邀请函被人们复印了一次又一次。在秀场内部，T 台上被仍满了鲜花和石楠。模特们出现了，看上去不安而困惑，就好像刚刚被袭击过一样。

博比·希尔森说："那场发布会势不可挡。麦昆凭借对于历史的直觉和共鸣，用自己的方式讲述了一个有力的故事。但是，那同时也是令人震惊的。"秀场上又一次出现了雌雄莫辨的中性气质：斯图亚特时期风格的褶边领围绕着脖子；一件看上去就像是装饰性甲胄的钢铁色无袖马甲，蕾丝质地露出了模特的胸部；银质表链则连接着胯部和大腿，更加突出模特的身材比例（有些评论甚至错误地把表链视为卫生棉条拉线的象征）；18 世纪风格的胸衣；带有帝政线的格纹胸衣搭配透明的薄纱曳地长裙（由"海妖"系列中的设计发展而来）；还有斜裁的袖子，带有 1810 年代的风格。麦昆标志性的超低腰露臀裤也被改进了，面料被刻意磨损，让模特大腿和臀部的肌肤若隐若现，再次挑战了传统时装标准中的"完美"概念。这些服装的意义不仅在于"穿着"，同样也在于"毁坏"：如果喜欢它们就应该一直穿到彻底破损，寓意着服装是女性身份的一部分。"坚持政治正确的那些人都吓得呆若木鸡，"《标准晚报》（Evening Standard）这样写道，"光是这个标题就足以让他们窒息。"同时，"他的这一系列中还包含着一些无比浪漫的东西。伦敦时装周已经久违了这样的戏剧感，而戏剧感正是我们时尚精神中不可或缺的元素。我们都为了迎合那些卫道士和他们所认定的好品位而改变了太多。"[25] 麦昆希望自己的衣服能够惊世骇俗，起到"服装避孕套"的震慑作用——"当一个女人穿着他的衣服走进一间房间，男人们不会想'啊，我想要占她便宜'，而是想'她看起来太美了，但接近她一定很难'。"[26]

这一系列巩固了麦昆作为天才设计师的声誉，他既有服装设计的新鲜想法，又受到市场的欢迎。"麦昆那个有被撕裂的格纹连衣裙和裙子的最新系列（机智地避开了'高原强暴'这个名字），值得每一个目光敏锐的女孩拥有，最好跟一罐肉豆蔻一起放进衣橱里。"《标准晚报》语带讥讽地评论道。[27] 凯蒂·英格兰对《卫报》说："我认识的很多女人都为那些裙子所倾倒，'高原强暴'系列中那些臀部被磨损的连衣裙。"[28] 尽管这一系列并不能真的帮到苏格兰独立运动，但那年 9 月，这些衣服正好在《勇敢的心》上映期间进入了伦敦的商铺中，它所收到的广泛关注得到了回报。日本的恩瓦德工业株式会社（Onward Kashiyama）找到了麦昆，并成为他的第一家赞助商，麦昆的服装得以和海尔姆特·朗一起在意大利的 Gibo 公司生产。而他的分销商，则包括了伦敦的自由精品百货（Liberty）、萨克斯第五大道精品百货（Saks Fifth Avenue）和波道夫·古德曼奢侈品百货（Bergdorf Goodman）。随后，麦昆又被安排在下一季伦敦时装周的压轴秀。

088

千 年 血 后

The Hunger

1 9 9 6 春 夏

✳

"千年血后"的灵感来源是英国导演 Tony Scott 1983 年的电影《千年血后》（*The Hunger*），影片是关于吸血鬼、死亡和贪婪的，而这一恩瓦德工业株式会社赞助的系列成为了麦昆至今为止最商业化的作品。当时麦昆平均每场发布会的开销是 30000 英镑（常常会把衣服送给模特代替酬劳），这一次他又在发布会上添加了"真人"元素，包括音乐家和艺术家高第（*Goldie*[1]，当时正在和比约克约会，后者为发布会配乐），以及朋克乐队沙姆 69（Sham 69）的主唱吉米·铂西（Jimmy Pursey）。这是麦昆第一次把男人当成一场秀的主角。为了表达"死亡"的隐喻，麦昆制作了一件透明的胸甲式上衣，胸部自然下垂。而在胸甲的两层塑料夹层之间，放进了从当地渔具店买来的蠕虫。在模特们走过 T 台时，还会随性地向观众打响指或者比"V"字手。

英国时尚作家柯林·麦克道威尔（Colin McDowell）写到，这意味着："最新的女性气质意味着高傲冷漠的姿态，而不是穿着船鞋跌跌撞撞，像个 20 世纪 50 年代刚走上社交场的小姑娘。"[29] 在他诸如侯塞因·卡拉扬（Hussein Chalanyan）、安东尼奥·贝拉尔迪（Antonio Berardi）

---

1. 高第，原名 Clifford Joseph Price，在 20 世纪 80 年代初以涂鸦艺术家的身份初涉艺术圈，之后成为在当时还处于萌芽期的 Jungle 音乐的先驱之一。（译者注）

← 史黛拉·坦娜特身穿一件分层的上衣，以及浮花织锦的超低腰露臀裤和悬垂袖。这一系列标题的寓意是"贪婪"与"死亡"。这一系列是麦昆接受恩瓦德工业株式会社的赞助后推出的第一个系列，也被视为他至今为止最商业的系列。模特们对着观众打响指，而包括沙姆 69 乐队主唱吉米·铂西和艺术家高第在内的非职业模特也被请到了台上。这也是麦昆第一次在 T 台上展示男装系列。

和法比奥·皮拉斯（Fabio Piras）的同辈设计师（都是伦敦圣马丁时装硕士课程的毕业生）之中，麦昆的才华不同凡响。尽管他被认为是一个"无可救药地不成熟和幼稚"的人，但依然有着"领先时代的原创精神，而这正是当时时尚业渴求已久的"。无论人们怎样责备他有"厌女症"都没有关系，更重要的是他的原创性、执行力和时代感。然而，麦克道威尔又接着把这些衣服形容为"一团糟"，而这一系列是麦昆出道以来最弱的。这没什么可奇怪的，因为麦昆一边为了现实原因而追求商业化，一边追求"艺术"，又没找到这二者之间的平衡。也许部分原因是，麦昆选择的秀场本并不适合戏剧性的表演，反而让发布会受到了传统T台的约束；也许是麦昆累了。"他等在后台的时候，几乎没有人去找他，除了几家'疯疯癫癫'的商店。他对自己说：'过去那个无所畏惧的麦昆一去不复返了。'"[30] 显然，这是他在上一场"高原强暴"和下一场"但丁"这两个成功系列的高潮之间的低谷期。

无论如何，时至当日，麦昆已经是时尚界的重要人物了。1995年11月，他和英国服装设计师约翰·罗查（John Rocha）和乔·凯斯利-海福德（Joe Casely-Hayford）一起前往开普敦担任斯米诺（Smirnoff）国际时装大赛的评委。他们先飞往被酒店业巨头梭尔·科斯纳（Sol Kerzner）誉为"非洲拉斯维加斯"的太阳城。凯斯利-海福德还记得第一晚的情形："李和我为了《i-D》杂志上的一篇文章争吵了起来。这场旅行中的大多数事情都被忘记了，只记得我们过得很愉快。其中有一件令人印象深刻的事情，是李在到达的第一晚就被偷了钱包，那里面装着他所有的钱和卡。按照他的脾气，这件事让他有些不开心，但他还是从中看到了积极的一面。他说：'也许偷走他的人比我更需要这些钱。'我们喝了点酒，他又在口袋里发现了一些硬币。于是他走向了最近的那台老虎机，结果赢了大概2500英镑！我觉得这个小插曲彻底说明了他的怜悯之心，以及'要么什么都没有，要么什么都要'的人生哲学。"[31]

不仅如此，麦昆对于那些被视为失败者的人也抱有极大的怜悯和共

↑ 在上衣上做出烧毁效果的商标 logo，搭配手工制作的红裙及电线手铐。

鸣。当大赛组委会在媒体发布会上宣布比赛的获胜者是来自雷克雅未克的琳达·比约格（Linda Bjorg）时，会场长久地沉默了，随后南非的主流媒体开始发出嘲笑声。当时他们对于时尚的概念大部分来自于皇室的排场，而琳达·比约格的作品就是一条鹿皮做的连衣裙，像是带有裙撑一般呈现出钟形的轮廓，而一些小灯泡从裙子内部把它给照亮了。这裙子的皮革材料跟非洲黑人土著穿的衣服是一样的。大赛的裁判们看上去很不舒服，很有可能是被媒体们的反应吓到了。就在这时，麦昆一手搞定了媒体。他穿着一身完美无瑕的手制灰色丝绸西装，冷静地对台下的人群解释，他们对于时尚是多么无知，而创意则是时尚最重要的元素，他们怎么敢于对一名还是学生就已经开始时尚事业的人如此无礼。这绝对是大师的做派，他的话勇敢而且正确（作者本人当时就在现场目击了这一幕）。

艺术家、走光（No Bra）乐队歌手苏珊妮·奥博贝克（Susanne Oberbeck）为1996年春夏的"饥饿"系列走秀

"我去为发布会试衣的时候，李和我说的第一句话就是：'要不要来一杯酒精饮料？'显然他认为我俩是平起平坐的，他不是势利眼。和他说话就像孩子们之间的对话，他不会给你贴标签。不管你是男人、女人、同性恋还是异性恋，他总能懂得你只是一个人。他看重的是想法，而不是身份之类的狗屁。

关于这场秀本身，我穿了一件坦胸男士套装，类似于连体服之类的东西。走秀的时候我感觉自己气场无敌，因为能看见坐在前排的那些时尚人士脸上惊恐害怕的表情。很好笑，那些穿着昂贵入时的名媛们，在她们自己的世界中也许都不会搭理你。然而现场的观众席里绝对弥漫着一种害怕、惊恐和羡慕的气氛，感觉超棒。与其说是时尚秀，不如说是一道奇观。我想它会在人们心中种下一种信念，如果你时常觉得自己与世界格格不入，你其实可以扬长避短，以自己的优势吸引人们。这种事显然渊源已久，在伦敦尤其如此，适用于同性恋群体，对于朋克及其他音乐种类来说也是一样。"

      *   苏珊妮·奥博贝克（Susanne Oberbeck）

↑　及膝无袖双层连衣裙，特殊的裁剪让它格外贴合身体。外面一层被垂直剪开一道口子，周围染黑，其含义不只是对于女性外阴的隐喻，这句粗话也许是冲着观众而发的。当然，发布会结束之后他也觉得自己有点过分了。

但 丁

Dante

＊

与此同时，恩瓦德工业株式会社在日本注册了麦昆（McQueen）的商标，由此为麦昆带来了更多的经济支持，这都体现在了他的下一个系列"但丁"中。这场秀在伦敦东区的天主教堂中举行。这座教堂由建筑师 Nicholas Hawksmoor 设计，不但能通往斯皮特菲尔兹地区那些裁缝世家，也与开膛手杰克一案中著名的"十钟"酒吧（The Ten Bells Pub）比邻。其宏伟的巴洛克风格加上古埃及元素，与英国时装协会办发布会时那些中规中矩的帐篷不可同日而语。

在发布会刚开始的时候，一切与《神曲》（*The Divine Comedy*）作者、14 世纪佛罗伦萨诗人但丁·阿利吉耶里之间的联系还较为含蓄，但是随着发布会的进行，生之炼狱与不可避免的死亡融合而成的奇异主题逐渐浮出水面。麦昆一直渴望成为唐·麦卡林（Don McCullin）那样的战地摄影师，所以他未经授权就将麦卡林几幅最为著名的越南图片用作了外套和夹克的图案。一个塑料骷髅骨架被安置在秀场的前排位置上，旁边坐着的都是知名媒体人士——这个设置影射的也许是注定的死亡，

← 丁香紫的丝绸纺花夹克，上有黑色蕾丝贴花。袖子在肘部以下被撕裂，露出黑色波纹丝绸，这一细节增加了服装的趣味性。下半部分袖子的斜裁设计与笔直的席线形成对比

也许是德国文艺复兴画派画家汉斯·巴尔东（Hans Baldung[1]）的油画《死神与处女》（*Death and the Maiden*）以及人们命定的归宿。然而"但丁"并非仅仅是一场异想天开的实验秀。

男性模特的造型让人联想到美国黑帮成员，牛仔短裙搭配印有唐·麦卡林图案的夹克和新式的衫裤套装。菲利普·崔西创作了头饰，西蒙·克斯廷打造了鸟爪形状的饰品和寡妇帽般漆黑的头巾。麦昆的时装秀首次有了赞助，由山姆·金斯堡（Sam Gainsbury[2]）提供，这笔资金也用于制作紫色平纹皱丝绸（传统葬礼用面纱），以及特别授权的带有黑色蕨类图案镂空设计的白色开司米衣物。蒙古羔羊皮缝制的驼色长大衣，鲜花和水晶装饰的裸露网眼。麦昆的秀场上，奢华是主调。"我觉得现在的人们喜欢这种感觉"这位设计师后来观察到。"他们不想买看着像便宜货的衣服。我与极简主义不搭界。我喜欢折中主义。这些衣服不需要配饰就能高人一等。"他对《星期日时报》说。[32]

苏西·门克斯（Suzy Menkes[3]）在《国际先驱论坛报》（*International Herald Tribune*）中称这场秀为"时尚时刻"——这是所有设计师都渴望的嘉奖。"甫一开场，是聚光灯下一扇脏兮兮的玻璃窗，枪炮声盖住了管风琴乐——之后狂热的夜店乐曲震撼全场。一个个强有力而令人不安的形象随之登台：撕裂的雪纺下胴体若隐若现，编织的骑兵夹克包裹着破损的蕾丝衣衫，上面印有索马里或越战儿童照片图案的T恤。"[33]

"'但丁'系列令人激动无比,因为麦昆已进入公众视野,大家都在议论他。他想要在自己的发布会上用威金《自画像》中的细节,便写信给威金和麦卡林征求同意。两人都拒绝了,但他不管不顾地用了。(他一穷二白,就算两人起诉他,也拿不到赔偿。)

刚开始,那座教堂还是一片废墟,地板千疮百孔,模特一步一绊,只能算是个布景。不过灯光师西蒙·夏图尔的手法出神入化,让整场秀充满戏剧性。我提供了那个金色的塑料骷髅骨架,让它坐在前排是李的主意。那只黑色寡妇尖帽也是我做的。"

＊　西蒙·克斯廷

↑　→　"但丁"的主题是宗教与战争。模特身着印有唐·麦卡林在越南拍的摄图片的外套、石灰漂白的超低腰裤,都是光头造型。印着基督受难图案的面罩创意源自乔-彼得·威金 1984 年的作品《自画像》,见上图。(正确名称为《Joel 的画像》*Portrait of Joel*),辛西娅(Cynthia)1984 年摄于美国新墨西哥州。

↑ 一件高领纯棉外套，印花来自一张 19 世纪拍摄盲人社区的照片。

这一系列最初的灵感来源于 14 世纪——以及 15 世纪——佛兰德人的画作，这是麦昆最爱的艺术时期。立领，割破的衣袖和衣服的层次都源自那个时期的画家扬·凡·艾克（Jan van Eyck）、罗吉尔·凡·德尔·维登（Rogier van der Weyden）和汉斯·梅姆林（Hans Memling）的油画。具有"贵族血统"的伊丽莎白·弗玛吉亚（Elizabetta Formaggia），安娜贝尔·罗斯柴尔德（Annabel Rothschild），史黛拉·坦娜特和霍纳尔·弗拉瑟（Honor Fraser）都在模特之列，头发向后梳起，脸涂得苍白，毫无血色。麦昆曾说，与其说主题是死亡，不如说是死亡在我们之间、生死共存。那件带有粗壮鹿角的牡鹿头骨头饰由菲利普·崔西制作，其灵感或许源自伦敦国家画廊中意大利画家安东尼奥·皮萨内洛（Antonio Pisanello）的油画《圣尤斯塔斯的幻象》（*The Vision of Saint Eustace*）。被猎狗和鸟类（典型的麦昆元素）包围着的猎人，看见在牡鹿的两角之间出现了钉在十字架上的耶稣，从此就皈依了基督教。麦昆的设计还借鉴了更多的艺术品，耶稣钉在十字架上的苦像还被他印在了黑色的面具上，这种面具和麦昆刚刚开始搜集其作品的乔 - 彼得·威金戴过的那个一模一样。（见前文）

虽然在这个时期，伊莎贝拉·布罗已经开始淡出麦昆的工作生涯，但她依然对他具有巨大的影响力。她把麦昆引荐给博物馆和美术馆，给他带来工作时可供借鉴的想法，带他去乡下度假，还安排他学会了猎鹰训练术。在这场发布会上，英国超模史黛拉·坦娜特在手腕上架了一只拴着绳、蒙着面头的猎鹰进场，像是一个出席狩猎派对的中世纪女士——这可以被理解成是麦昆在塑造他心目中的性感女神，也可以被理解成是麦昆在抒发自己的某种情怀。他一向爱鸟，童年时期还常常在伦敦斯特拉福德区的公寓楼顶上看茶隼回旋飞行、伺机捕猎的场景。

这是一个完美的系列——苏西·门克斯把这称为一个"时尚时刻"，在这个系列中，麦昆标志性的文化内涵和想象力都体现得淋漓尽致。"麦昆最吸引我的一点是，他能从过去的历史中汲取灵感，再把它们用全新

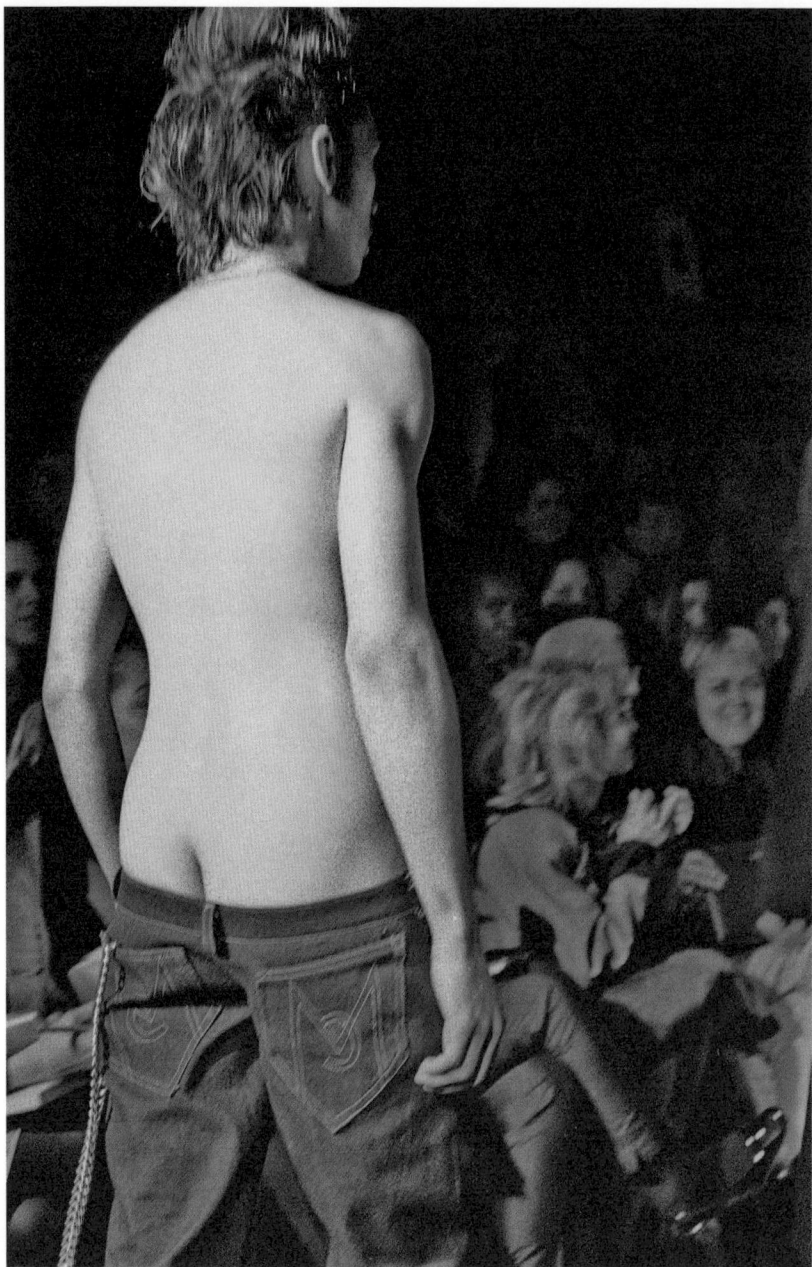

的面貌用在自己的剪裁中，呈现在当代的语义环境下。" 布罗在接受《哈泼芭莎》（Harper's Bazaar）的采访时说，"他的剪裁方式复杂而严肃，这让他的作品非常摩登。他就像是'偷窥狂汤姆'（英国导演迈克尔·鲍威尔 1960 年的电影《偷窥狂》主人公），对着布料又剪又缝，探寻身体上一切能够唤起情欲的部位。他的衣服穿起来实在性感。" [34] 就像是要推翻布罗这番高明的分析，麦昆这样形容她："伊西就像是卢克雷齐娅·博尔贾（16 世纪著名的艺术家赞助人，文艺复兴的幕后推手）和曼彻斯特卖鱼贩子老婆的混合体。"对于麦昆"厌恶女性"的指责，被淹没在了评论家们对"但丁"系列的热烈追捧中："这些衣服是做给强大的女性的。我不仅仅喜欢她们，我还热爱她们。"

　　"李最与众不同的一点是，他的作品具有完整性。" 爱丽丝·史密斯说，"这个行业中，太多人复制其他人的创意了，但他从不借鉴其他的设计师。""李最渴望的就是世人对他才华的认可，而不是名望。"史密斯又补充道，"过多的名望令他不舒服。他常对我们说：'发布会一定要办成盛典。'但忙中出错总是难免的 —— 因此他们总是神经高度紧张。"他的下一个系列"贝尔默的玩偶"（Bellmer la Poupée）即是一个明证。

↓ 1996 年 3 月，纽约，麦昆在"但丁"系列发布会后走上 T 台
他戴着黑色隐形眼镜，这让他几乎看不见什么。

贝尔默的玩偶

Bellmer la Poupée

1997 春夏

*

这场发布会在伦敦维多利亚区的皇家园艺大厅（Royal Horticultural Hall）举办，T 台上铺满了闪动着涟漪的黑色塑料薄膜，以此模仿水面。黑人模特黛博拉·肖（Debra Shaw）艰难地走上台，腰部以下和膝盖以上戴着肖恩·利尼制作的金属框架。"没有人知道这是什么意思。"设计师安东尼·普莱斯说，"这是个一次性的装置，但还挺有趣的。"实际上，这令人不禁疑问：麦昆是不是在浪漫化奴隶制？在发布会上，模特们被戴上了"镣铐"，故意做出机械娃娃僵硬的步态，就像德国艺术家汉斯·贝尔默（Hans Bellmer）1934 年的作品"玩偶：带球状关节的未成年玩偶的变奏组合"（Poupée, variations sur le montage d'une mineure articulée）。汉斯把玩偶拆分，又重新组合，然后拍摄下照片。这组作品被认为是他对纳粹的优生学和雅利安人种美学的反抗。

对于麦昆来说，这是他对于时尚界美学独裁的反抗 —— 这也是他作品中永恒的主题。"他的理论是，如果你可以在电影和舞台上表现出形形色色的女性，为什么 T 台不能这样？"安德鲁·格洛夫斯说。此外，贝尔默的超现实主义风格也正好与麦昆的童年幻想重合，麦昆小时候画的那些错位变形的眼睛，正好让人想起萨尔瓦多·达利为代表的超现实主义艺术家所热衷的主题。超现实主义借鉴了西格蒙德·弗洛伊德的精

← 在西蒙·克斯廷设计的布景中，模特"涉水"而来。史黛拉·坦娜特头戴戴·瑞斯设计的粉色锥形头饰，身穿一件不对称剪裁的拉链领上衣，令人回想起约翰·麦克肯特瑞克在 1991 年推出的"祖先崇拜 2"（Manism 2）系列中的一些细节，麦昆也参与了这一系列的设计。模特穿了一条深粉色和黑色的绸缎裤子。

神分析学说中的"潜意识"，并且宣称自己的创作以"惊吓"为目的——这在20世纪著名意大利女设计师艾尔莎·夏帕瑞丽的身上体现得十分明显。这一系列中其他的服装显然都是很有销路的——极其适穿，裙摆高于膝盖的银色欧根纱连衣裙，裙摆装饰着花边；黑色紧身连衣裙，在臀部装饰有女设计师艾尔莎·夏帕瑞丽的拉链；以及用枝条编织成的亮粉色秀款头饰，由帽子设计师戴·瑞斯（Dai Rees）设计。

正是这样的独立性和原创性，让李·麦昆吸引了法国奢侈品集团LVMH的注意。1995年，纪梵希的创始人于贝尔·德·纪梵希（Hubert de Givenchy）退休了，于是LVMH集团首席执行官伯纳德·阿诺德（Bernard Arnault）开始为品牌寻找一位新的设计师。他希望能找到一位拥有扎根于英伦传统时尚的能量与创意的设计师。伊莎贝拉·布罗向

→ 黛博拉·肖身穿一条饰有拉链的撕裂长裤和金色外套大步跨过T台上的积水。外套下摆被裁掉部分，肩部被处理成丧服的夸张版本。传统的插肩设计被过大的垫肩和扭曲的袖管所颠覆，让模特看上去就像是一个被安上了别人手臂的玩偶。

他推荐了麦昆，但他还是倾向于约翰·加利亚诺——"我想找英国设计师，是因为在法国我们没有同等的创意，我们不生产拥有这种能力的设计师……富有现代感、有创意和好品位的设计师。"[35]

到了 1996 年，阿诺特把加利亚诺调去担任迪奥（Dior）时装屋的首席设计师，这就需要一个人来接替他在纪梵希的工作。李·麦昆和别人谈论过加利亚诺的这个新动向，并表示无法理解为什么他会选择去这个看上去极其无聊的高级时装屋。"为什么他要做这种无聊的事情？"他问约翰·麦克肯特瑞克。对他而言，纪梵希同样极其无聊。因此麦克肯特瑞克跟他解释，这是加利亚诺可以生存下来的唯一途径：时尚界的趋势就是大牌越来越强，而大牌可以为加利亚诺自己的品牌带来财政支持。"他觉得这是一种背叛，"麦克肯特瑞克说，"他自己那时候正是干劲十足，一心想要搞好自己的品牌。"

1996 年秋季的一天，麦昆正和他的男朋友穆雷·阿瑟（Murray Arthur）在伦敦伊斯灵顿区家里，接到他的公关特里诺·韦卡德的电话，说路易·威登（Louis Vuitton）的丹尼尔·皮埃特（Daniel Piette）想要见见他，问他对纪梵希首席设计师这个职位有没有兴趣。麦昆想了一会儿，答应了。不久之后，他与史密斯和派讨论了一番，又改变主意拒绝了。

"我告诉他别去，那地方不适合他。"爱丽丝·史密斯说，"他没办法招架巴黎的势利。他说，'对啊！'然而到了十月，他又接受了那份工作。"伯纳德·阿诺特用一份 100 万英镑酬劳的两年合约收买了他。于是，27 岁的麦昆成为了 21 世纪第二位入主法国时装屋的英国设计师。他邀请凯蒂·英格兰去做他的创意顾问，却无意中大大得罪了被留在伦敦的伊莎贝拉·布罗——毕竟，是她向阿诺特推荐了麦昆。她私下里想要借着这次推荐分到点好处，但没有跟麦昆或是 LVMH 的人明说。对于麦昆来说，在巴黎高级时装屋里和经验丰富的手工艺人们一起工作，借此来实现自己的时装梦想，是一种极大的诱惑。"李最令人难忘的一点，"他的一位朋友说，"就是他极其热爱手工艺，并且尊敬手工艺。他到了纪梵希之后做的第一件事情，就是邀请工作室里的手工艺人们去他们的时装沙龙（陈列以往的服装系列的地方）——他们中的很多人从来都还没去过时装沙龙。

1996 年 10 月 22 日，"英国时尚大奖"颁奖典礼在皇家阿尔伯特音乐厅举行，麦昆当选为"年度英国设计师"。他的朋友特里诺·韦卡德、表演制作人山姆·金斯堡、爱丽丝·史密斯和克瑞西达·派坐在音乐厅的最顶层。"我们事先就知道他会获奖。我们看着他在一楼，穿着灰色大外套和球鞋走进来，羞涩地向引座员出示自己的邀请函。那副样子就好像在证明自己是正正当当走进来了。"史密斯回忆说，"他一直饱受'冒充者综合征'的煎熬——非常害羞，非常温柔，但还是不太敢相信自己应该来到这里。但最终他赢得了全场最重要的奖项！"

---

1. 丹尼尔·皮埃特，1990 年作为行政副总裁加入 LVMH 集团，现任 LVMH 投资基金会主席和 LVMH 执行委员会成员。（译者注）

"'贝尔默的玩偶'是我真正意义上第一次为李设计舞台背景。这次发布会的赞助商是添加利金酒（Tanqueray Gin）。我们问自己：'我们做些什么能挑战观众？'李希望模特们涉水而过，而我早就想这么干了。我的任务是把 T 台做得看上去像是一片玻璃。我们建造了一个大概 2 英尺高、150 英尺长的框架，看上去像是一个巨大的浅池子。为了达到我想要的强烈反光效果，我把边框做成了黑色。这一切只是为了造成反光，但因为要注入太多的水，我们需要在一个混凝土的场地里办发布会，万一漏水的话，也不会造成太大的损失。"

＊　西蒙·克斯廷

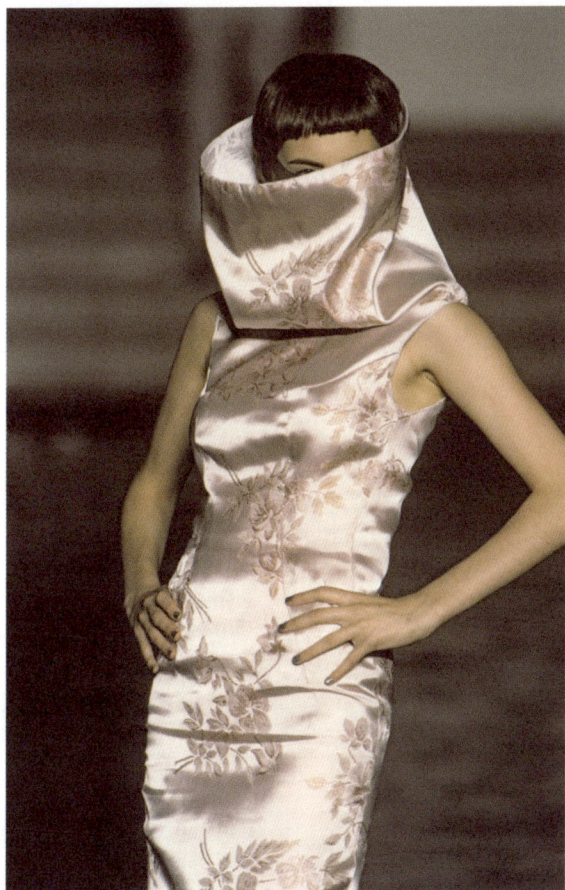

↑　模特身穿一条漏斗形领口的浅粉色绣花旗袍。这场照片成就了模特 Devon Aoki 的经典形象。尼克·奈特为视觉杂志 *Visionaire* 1997 年春季刊拍摄。

后 页 图　《卫报》。修图：山姆·泰勒·伍德（Sam Taylor Wood）2004 年 4 月 16 日。

纪梵希时代

伊莎贝拉·布罗说服她的朋友麦昆接受了纪梵希的创意总监一职。但麦昆既没有为她提供一个职位，也没有从六位数的酬劳中分一些给她。相反，他更想与造型师凯蒂·英格兰一起工作，因为她既精明能干，又与他理念相合。布罗对于他来说，是一个通向花花世界的使者。就商言商，LVMH 至少应该给她付一笔介绍费。但麦昆却没有支付这笔钱，这让布罗感觉自己被"利用"了，更增加了过去几年来二人之间各种龃龉带给她的复杂心态。不过对于麦昆来说，这个价值 100 万英镑的两年合约完全改变了他的生活。这意味着他足以支持自己的生产线，并且一跃成为国际级的设计师。然而，直觉告诉他不能出售麦昆的股份。"在我和纪梵希签约的时候，他们还让我签另外一份合约：LVMH 集团想要买下我的整个公司。我拒绝，他们却一直没有放弃。在长达四年半的时间里，他们一直派人追着我要买 McQueen。"他在 2001 年签下古驰集团之后承认，"我不喜欢 LVMH 集团经营纪梵希的方式，所以我不会让他们染指我自己的公司。"[1]

对于这个职位会任命给谁，时尚界一直期待。1996 年 9 月 8 日，安东尼奥·贝拉尔迪来到 LVMH 集团的巴黎总部，在这里他接受了一位心理学家的质询。心理学家问他，为什么要在手工制作的夹克衫上喷涂"婊子"（Slag）字样，以及要多久能做出一个包括 30 件单品的系列。同一天的晚上，麦昆和布罗一起参加了土耳其设计师里法特·沃兹别克（Rifat Ozbek）的发布会，第二天晚上他又去了克里斯汀·拉克鲁瓦（Christian Lacroix）的秀场。布罗为他精心设计了各种媒体曝光。在法国时尚界名流的环绕下，这位"27 岁的英国时尚怪才看上去简直不能更不自在了。"《独立报》写道：[2] "我觉得这一切都可笑极了。"麦昆说，"他们让设计师不要说话，但是在时尚界你没法保守秘密。这给我造成了很多不必要的压力。"[3]

10 月 14 日，约翰·加利亚诺将加入迪奥担任创意总监，而麦昆将接

1. 克里斯汀·拉克鲁瓦，法国时装品牌，以浓郁的法国南部和西班牙风情著称。（译者注）

↓ 1997 年 1 月 19 日，麦昆为纪梵希操刀的第一个高级定制系列呈现在世人眼前。麦昆的灵感来自于伊阿宋和阿格诺寻找金羊毛的神话故事，因此整个系列只采用了金色和白色调。镀金羊角来自于伊西·布罗家希利斯公馆的一只索艾羊，而这件白色外套中所包含的裁剪技术，正是 LVMH 想要引进到法国时装屋中的手工艺。

手纪梵希高级定制和成衣系列的消息在发布会上正式宣布，这立刻抢了巴黎其他品牌在媒体上的风头。就像大多数年轻的英国设计师那样，麦昆从没参加过纪梵希的发布会。这个建立于 1952 年的法国品牌，最主要的特征是精良剪裁、传统优雅，以及缺少变通。麦昆对纪梵希的了解主要来自于它和克里斯托巴尔·巴伦西亚加（Cristóbal Balenciaga）的关系以及演员奥黛丽·赫本。正当评论家们苦苦搜寻麦昆和于贝尔·德·纪

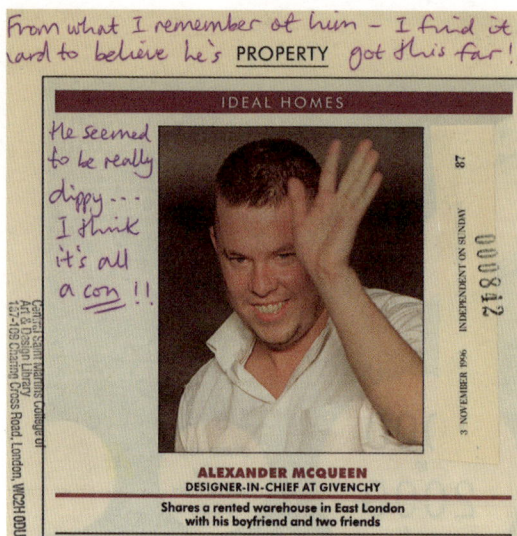

† 中央圣马丁收藏的一张《星期日独立报》的剪报，日期是 1996 年 11 月 3 日。旁边有个不知名的人写了段批注，表达自己对麦昆在纪梵希获得新职位感到难以置信。

梵希（Comte Hubert de Givenchy[1]，生于 1927 年）这两个似乎处于风格两极的设计师之间的联系时，他们二人之间确实有些关联。在 1947 到 1951 年之间，纪梵希正在为意大利女设计师艾尔莎·夏帕瑞丽工作，为她的精品店设计套装和外套。而"硬核时髦"的典型夏帕瑞丽从 1935 年开始就雇用萨维尔巷安德森和谢泼德的裁缝为她制作女式西装。正是这家后来培训了麦昆的裁缝店，让她的日装拥有了更加精确的剪裁与鲜明的线条。

麦昆并没有被巴黎时装界震住。他对 W 杂志说："他们没有吓倒我，我告诉他们去（此处删去粗话）。英国时尚产业是世界上最能出产设计师的。第一个在巴黎做高级定制的查尔斯·沃斯（Charles Worth[2]）就是英国人。" [4]

当年 68 岁的于贝尔·德·纪梵希在 1987 年把成立于 1951 年的公司卖给了 LVMH 集团，附带一条他一旦退休就不能再从事设计的条款。对于一个曾经宣称希望在临死时还裁剪裙子的人来说，这还算可以勉强接受。但让加利亚诺和麦昆做他的继任者却让他觉得很可笑："我觉得这简直是个灾难，我为此饱受煎熬。但我能怎么办？" [5] 尽管布罗被告知她可以为纪梵希的商业活动做造型，但这并不是麦昆的长项。这导致了主流的商业形象与 T 台上的"残酷现实"系列几乎完全脱节。[6] 看看加利亚诺的先例就知道这种情况值得警惕了：他给纪梵希做的两个系列由于订单过少，位于乔治五世大街 3 号的工作室里，都没有足够多的活给手工艺人们干了。[7]

1. 贝尔·德·纪梵希，法国著名时装设计师，1952 年创建纪梵希工作室时装屋（the House of Givenchy）。（译者注）
2. 查尔斯·沃斯（1826—1895），英国传奇时装设计师和销售商。他对于时装业的贡献包括最早使用时装模特、最早开设时装沙龙、发明公主线时装和西式套装，以及将服装高级化。（译者注）

在纪梵希的首秀

1997 春夏高级定制

✳

虽然上任时距离他要完成的第一个高级定制系列只有11个星期的时间，但麦昆早已胸有成竹，而且连3月份纪梵希秋冬成衣系列也都已经准备妥当。"结构与合身是定制的意义所在。我并不想把所有东西都绣上花，或是用很多很多薄纱来做设计。"[8] 按照合约，麦昆每年要给纪梵希设计4个系列，除此之外他还要给自己的品牌设计两个系列，并且准备再开两家新店。而与此同时，在意大利为 Alexander McQueen 代工的意大利 Gibo 公司一直在盘算着收购这家公司。麦昆不会说法文，于是他找了一间公寓，与包括凯蒂·英格兰、艺术总监西蒙·克斯廷和设计师助理凯瑟琳·布里克希尔（Catherine Brickhill）在内的英国团队住在了一起。此外，他还找了个司机。在看完纪梵希的档案室之后，麦昆选择了这个品牌标志性的干净线条作为参考，再加上自己超群的技术来进行创作。他的目标是"将精致的实穿性带回来。无论是高级定制还是成衣，人们都需要更多的日装。"

在看过预览之后，西蒙·克斯廷觉得"糟透了"。实际上，他甚至让麦昆重做了一遍。纪梵希的金色和白色商标上带有希腊风格的徽章，因此麦昆设置了一个来自希腊神话，并且带有一些自传性质的主题：伊阿宋和金羊毛。这个神话讲述的是这位史诗英雄在科尔基斯岛上击退各种怪兽，抓回了逃跑的金羊羔。就像伊阿宋，麦昆也抓住了一只金公羊。

← 麦昆为纪梵希设计的2000年春夏高级定制系列，具有典型的第二帝国风格：在带有裙撑的长袍上印着巨大的蛾子。

就像他在对《卫报》谈论阶层时说的："我是一个出身工薪家庭的小孩，并且一直属于那里。这就是为什么我总是被记者盯着。（但）高级定制是无与伦比的。这是可以实现你时装梦想的途径。"[9]

伊西的丈夫德特马·布罗被要求去他们位于格洛斯特郡斯特劳德区旁边的希利斯（Hilles）公馆挑一只带角的公羊作为祭品。公羊的角被涂成金色，戴在了超模纳奥米·坎贝尔（Naomi Campbell）头上。勒萨日刺绣工坊（Maison Lesage）在胸衣和曳地外套上绣上了金色的橡树叶（波拿巴王朝时期法兰西共和国的象征）；富有技巧的工匠在一条猫女风格的紧身连体裤和一系列连衣裙的层层褶皱之间缝上了羽毛，而白色欧根纱中被夹进了玫瑰花瓣，倒模制成的胸衣下丝绸如同熔化的金子般倾泻而下。

1 月 19 日，在新古典主义建筑风格的土伦美术学院，麦昆向人们呈现了相同风格的 1997 年春夏系列，该系列包括 55 件作品。模特马库斯·申肯伯格（Marcus Schenkenberg[1]）是典型的金发美人，身上洒满了金粉，戴着无数的翅膀，扮演希腊神话中的伊卡洛斯。这场秀开场比预定的时间晚了一个小时，阿泽丁·阿莱亚、美国 *Vogue* 杂志的安娜·温图尔（Anna Wintour[2]）和哈密什·博尔斯[3]、摄影师彼得·林德伯格（Peter Lindbergh[4]）和伊西·布罗不得不面对一整排高定客户，包括安·巴斯（Anne Bass）和蒙娜·阿尔 - 拉希德（Mouna Al-Rashid[5]）。这场发布会伴随着雷电的轰鸣声开场，朱迪·诃德（Jodie Kidd）随之穿着一件白色绣花外套拂过 T 台，身后飘动着长长的衣裙。至此，古典主题已经很明显了——比如说单肩雪纺连衣裙外面罩着格斗士风格的胸甲——但其中也暗含着"女

---

1. 马库斯·申肯伯格（1968—　），著名瑞典男模，第一位男性超模。（译者注）
2. 安娜·温图尔（1949—　），出生于伦敦，*Vogue* 杂志美国版主编，是电影《穿 Prada 的恶魔》（又译作《时尚女魔头》）原型。（译者注）
3. 哈密什·博尔斯，世界上最著名的时装摄影师之一，作品中 80% 为黑白摄影。（译者注）
4. 彼得·林德伯格，纽约著名艺术赞助人和社交名媛。（译者注）
5. 蒙娜·阿尔 - 拉希德，原名 Mouna Ayoub，1957 年出生于科威特，法国著名社交名媛和女商人。她的前夫纳撒·爱尔 - 拉诗德（Nasser Al-Rashid）是沙特的建筑业大亨与沙特国王的顾问。（译者注）

性威胁"的深意，因为伊阿宋的致命爱人美狄亚也被绣在了衣服上。麦昆借此向他心目中的希腊女神玛丽亚·卡拉丝致敬，因为她在 1969 年帕索里尼的电影《美狄亚》中扮演的正是这位女巫。模特身穿白色织锦衣服，方形领口是 16 世纪的风格，而袖子模仿的是纪梵希著名的"贝蒂娜"（Bettina）衬衫（以法国超模贝蒂娜·格拉兹阿妮 Bettina Graziani 命名的衬衫）。纳奥米·坎贝尔扮演的是一个"变形人"，戴着金色的公羊角和人身牛头怪弥诺陶诺斯的鼻环，头发被挽成牛角，插着高耸的羽毛，率领着一批穿戴着羽毛和蛇皮的模特出场。

与这些造型同时出场的是庄重的夹克、开司米外套和可以美化穿着者体形与姿态的廓形连衣裙。麦昆意识到，这些价格高达 20000 英

↑　金色的丝绸西装，带有 18 世纪风格的垂坠式后背设计；带有翅膀的头饰由菲利普·崔西设计

锈的连衣裙只是为极少部分人制作的。然而根据《纽约客》的文章，那些看秀的女人们都被自己所看到的新奇服装所惊呆了。"唉呀呀，"一个法国记者小声说，"如果他继续坚持这种风格，他会失去所有的高定顾客。"当这些时尚人士一起走出土伦美术学院，他们交换了意见。"灾难！"有人说。然而，川久保玲（Comme des GarÇons 品牌）的 CEO 阿德里安·约弗（Adrian Joffe）却觉得这一系列美极了。他和他的妻子，设计师川久保玲（Rei Kawakubo）预约了麦昆去客串他们于下周五举办的男装发布会的模特。[10]

如今麦昆已经不只是一个设计师，他成了名流——这正是他不想成的那种人。更糟糕的是，他的风格与他为之工作的时装屋格格不入，而且他也没法让批评他的人滚开："我永远不可能考虑用白色和金色做我自己品牌的服装系列。我这么做纯粹是为了向纪梵希时装屋的 logo 表示尊敬。"[11] 他还要与工作室里鞠躬尽瘁的同事们一起负责增进纪梵希旗下美妆和香水的销售。实际上，这就是 LVMH 集团所要的：借这个极具现代性的设计师，为濒死的品牌注入一针强心剂。[12] 或者，就像时尚专栏作家艾米·斯宾德（Amy Spindler）在《时代周刊》中说

的那样，加利亚诺和麦昆是用来对抗 LVMH 集团的对手香奈儿（Chanel）的卡尔·拉格斐。[13]

发布会次日，麦昆被四个人约见，其中包括一名想订做一件婚纱的沙特公主，以及一个法国女记者。那个女记者问他是不是觉得"时装中阴茎和睾丸的形象应该被限制"。[14] 要知道，男装胯部的剪裁设计目的就在于让生殖器看上去更大。难怪麦昆第一次被问得哑口无言！而其他媒体的评论对于麦昆表现出了冷淡的敌意。"他喜欢称他的对手们为'伪君子'。"《每日邮报》的这篇文章有一个傲慢的标题《出租车司机之子的高级定制》。根据这篇文章，麦昆的傲慢"是他最大的毛病，紧随其后的是他的无知"。[15] 伊西·布罗在 Vogue 杂志上撰文为她的老朋友辩护："亚历山大正在与沉重的负担作斗争。麦昆和纪梵希就像是在谈恋爱，我们应该为他们祝福。"[16] 在发布会之后，麦昆和他妈妈一起静静地喝了茶，然后就回到了他和男朋友穆雷·阿瑟安静祥和的公寓里。他简直等不及要回到伦敦了，不仅因为他非常思念他的狗薄荷（Minter），也因为家乡才是他的灵感来源："我的双手在法国工作，但我的双腿迈出的还是伦敦的步伐——我的人生在那里。"

←　麦昆在纪梵希 1997 年春夏高定发布会的最后出场鞠躬谢幕。

↓ 西蒙·克斯廷担任这场发布会的艺术指导。他在工作室里制作了巨大的羽毛翅膀，模特库斯·申肯伯格戴着它们，像希腊神话中的伊卡洛斯（戴着用蜡做成的羽毛飞向太阳，结果蜡受热融化后摔死的悲剧人物）一般坐在舞台高处。

高级定制是无与伦比的，
这是可以实现你时装梦想的途径。

亚历山大·麦昆

← 艾瑞克森·比蒙（Erickson Beamon[1]）设计了头饰和带翅膀的耳饰，以及正常发布会的最后一件单品，那是爱娃·赫兹高娃（Eva Herzigova）头戴的镀金羽毛头饰和带钢圈的紧身连体胸衣。

1. 珠宝品牌，由卡伦·埃里克森（Karen Erickson），克·埃里克森（Eric Erickson）、维基·比蒙（Vicki Beamon）三位美国设计师在1983年创建。（译者注）

麦昆严格遵守着与纪梵希的合约，往返于伦敦和巴黎之间。在1997—1998秋冬系列设计定稿、进厂制作之后，他回到了伦敦。他的新家在伊斯灵顿区，而公司总部在伦敦中东1区的艾姆维尔（Amwell）街。2月28日，他在博罗市场举办了"外面的世界很危险"发布会——博罗市场坐落在脏乱差的泰晤士河南岸，这里在莎士比亚时代是花街柳巷、熊池和戏院的所在。这是麦昆和他的团队所能想到的与优雅的土伦美术学院差距最大的地方。这也正反映出了麦昆当时的感受：在法国高级时装和伦敦街头时尚之间的撕裂感。现场挂着一个高达40英尺（12米）的屏幕，上面布满了弹孔，而在市场的两端分别堵着一辆小汽车，并源源不断地放出干冰烟雾。观众们坐在露天里坚硬的长椅上，呼吸着下水道飘来的臭气，但红色的灯光让他们兴奋起来。*Time Out* 杂志把这场发布会形容为"一半是狂欢，一半是暴乱"，模特们穿着处理过的兽皮、漂白的牛仔和黑色的皮革，上面装饰着中国花卉、威尔士王子方格（由爱德华七世设计的格子图案）和小马皮，像城市斗士那样走进秀场。她们手上戴着银色的假指甲，头发往后梳成蓬乱的发型，眼睛上化了浓重的眼影，像是德里克·贾曼1977年的电影《庆典》（*Jubilee*）中的朋克青年乔丹 Jordan 那样。而妆容最特别的一点在于，她们戴着黑色的隐形眼睛，而黑色的眼线沿着内眼角往下延伸，就像是汤氏瞪羚这种处于食物链末端的美丽生物。

如果说麦昆在纪梵希所做的那个系列是用一种优雅的方式将女人影射为半兽人，那这一系列就是另一种方式的影射。这一次，驯服的瞪羚被充满个性的女人演绎得充满力量。"我就是这么看待人类生活的。你知道，我们都可能很容易就被抛弃。"他说。之后，他又更详细地解释道："自然世界中的动物本能和都市丛林中人们的攻击性相映成趣。就像皮裙和传统面料的对比。发布会很疯狂，一片混乱，危险。我刚为纪

↑　1997—1998 秋冬纪梵希高级定制系列。长度及地的猎豹花纹外套，带有麦昆标志性的肩部设计以及《刀锋战士》风格的假发。以妓女为灵感的纪梵希服装并没有受到好评；麦昆却认为这让时装屋跟上了时代。

梵希做完第一场秀，正是压力最大的时候。这场秀反映了我的精神状态，对我来说，外面的世界就像丛林一样危险。"[17]确实，这标志着一种只能在伦敦找到的"意识形态取向"，同时也被《悲惨世界》中体现出的戏剧化场景所影响。年轻的伦敦时尚人士想要面包和马戏，他们迫切地需要娱乐。

麦昆因为这场掌声雷动的发布会而被高度赞扬，他的设计却被忽略了。主流时尚媒体可能会这么评价："他的设计完整度不够，而他之前正是以此闻名。"但是像麦昆、侯塞因·卡拉扬和安东尼奥·贝拉尔迪，以及成名于20世纪80年代的前辈安东尼·普莱斯、身体地图（Bodymap[1]）和维维安·韦斯特伍德都明白，只要一场发布会就能形成一种文化现象。随着千禧年和全国大选的到来，"谁会想要那种抄袭已经死了40年的裁缝的衣服？"[18]

在为纪梵希1997—1998秋冬做的成衣系列中，麦昆对时装屋压抑氛围的反抗更加明显。这场发布会在巴黎废弃的马棚公园（Halle aux Chevaux，曾经是马肉市场）举办，到场观众1200多人。这个包含了100件秀款的发布会以火花乐队（Sparks）的《这座城镇不够大，容不下我们俩》（*This Town Ain't Big Enough for Both of Us*）开场——这是安德鲁·格洛夫斯最爱的歌曲之一，他和麦昆在一起的时候常常会单曲循环这首歌。"这是一个传达给加利亚诺的清晰得不能再清晰的信号了，对吗？"麦昆咯咯笑着说。包括演员比亚翠斯·达勒（Beatrice Dalle[2]）在内的模特穿着黑色PVC材质的衣服，戴着《刀锋战士》（*Blade Runner*）式的假发和恨天高，懒洋洋地靠在街灯上，就像是匈牙利摄影师布拉塞（Brassaï）镜头中的站街女。"我想把纪梵希带到一个新的高度。重要的是性感的能量。"这位设计师对《星期日电讯报》（*Sunday Telegraph*）说。[19]

1.Bodymap是一个1980年代的英国品牌，由设计师大卫·霍尔（David Holah）和史蒂夫·斯图尔特（Stevie Stewart）创立。（译者注）
2.比亚翠斯·达勒，法国女演员（1964—　），代表作《巴黎野玫瑰》。（译者注）

高耸的月牙形肩重新定义了轮廓的新可能，陡峭的翻领再次出现在点缀着闪闪发亮的条状装饰物的长款军装风格外套上。长度刚到大腿的开叉铅笔裙，长款皮质外套（其中一件是粉色蛇皮）和一件仿猎豹皮斑纹的夹克，灵感都来自于玛丽莲·梦露。"我们采取了极简主义。现在麦昆正试图把时装推向另一个方向，为了达到这个目的你得做到极致。"希拉里·亚历山大（Hilary Alexander[1]）在《每日电讯报》中这样分析。[20]然而时尚作家和编辑萨莉·布兰普顿却看见了别的东西——一个缺少灵魂的系列，麦昆表现出一种"危险的礼貌"，失之于刻意的商业化，这次他是用头脑而不是心灵在设计。[21]显然，你没法永远取悦所有的人，而麦昆在一次《新闻周刊》（Newsweek）的采访中曾稍显俗套地表达过这样的观点："就像是希特勒的大屠杀。他毁灭了几百万人，因为他不理解他们。这就是很多人对我做过的事情，他们不理解我。"[22]

　　所以，就是麦昆为什么对皮革、骨头和毛发如此着迷，"这是一种对于美丽事物表达尊敬的方式。"西蒙·昂格莱斯说。"他想要向那种美致敬，就像是那些收藏癖一样。而且他总是想让其他人也感受到这种美，挑战他们对于美的理解。"[23]麦昆的这种爱好与他对历史的热爱也密不可分——这位设计师也因此具有了看穿浮华背后肮脏现实的能力，剥开"浪漫的外表露出真相"。[24]麦昆决定在他为纪梵希制作的下一个高级定制系列"折中的解剖"（Elect Dissect）中看得更加深入一些。

---

1. 希拉里·亚历山大，英国时装记者，《每日邮报》的时装总监。（译者注）

"外面的世界很危险"是第一次也是唯一一次，正常发布会的意义大于每件单品的总和，设计师的理念在秀场中营造出氛围，那绝对是一场混乱。"

"太多人无票进场了。摄影师们割破更衣室周围的帷幕挤进来，保安们又把他们打出去。到处都有暴力在发生。他的主题——关于食物链底层的动物——太明确了。"

"李和我都喜欢电影《神秘眼》（ The Eyes of Laura Mars，电影女主角的工作是用时尚摄影的方式拍摄暴力场景）（1978），因此我们选择了用时尚摄影的方式呈现出车辆追尾（模特们穿着皮毛大衣搏斗，寓意着'适者生存'）。我跑遍了修车厂想要找到片中那场著名车祸场景中出现的那款梅赛德斯，我们找到了 5 辆，敲破了它们的玻璃。我们希望现场的气氛是边缘的，令人焦虑的。在电影《邦妮和克莱德》（ Bonnie and Clyde ）（1967）最后一幕的枪战中，子弹把车库门打成了筛子，光线从中间透过来。我们就想要车库拉门那种带褶皱的铁皮效果。西蒙·夏图尔在后面放了色温为 10 K（显示为蓝色）的光源。从 Amex（美国证券交易所）拿来的钱，大部分都用在安保上了，因为发布会场地位于开放的博罗市场，周围仅仅用黑色幕布围起来，所以保安必须在白天我们布置场地时时刻留神。"

"T 台周围布满了座位，照明方面我们的办法是把桶装焗豆的铁皮桶码在 T 台边缘；在发布会开场之前我们点燃了里面的引火物和木头。开场前最后一分钟（在一片混乱的场景外），一群中央圣马丁的学生冲破路障闯进来，沿着 T 台飞奔，想要找个地方站着看秀；他们中的一个把一个罐头踢到了作为布景的汽车那里。眼看着惨剧就要发生，吓得我几乎脑溢血。幸运的是一个保安及时抓住了那个罐头。每个人都以为这是发布会安排好的一部分，并开始鼓掌。你简直能触摸到空气中流动着的紧张和焦虑气氛。"

*　西蒙·克斯廷

← ↑ 麦昆的 1997—1998 年秋冬系列发布会上作为舞台装置的汽车。"外面的世界很危险"的发布会灵感来自电影《神秘眼》（The Eyes of Laura Mars）中的车祸场景，布满波浪纹的铁皮上模仿被子弹击穿的效果。布景设计师是西蒙·克斯廷。"这场发布会体现出了我的精神状态。"麦昆说，"外面的世界真的像丛林那么危险。"

128

纪 梵 希

"折 中 的 解 剖"

Givenchy

'Eclect Dissect'

1 9 9 7 — 1 9 9 8 秋 冬 高 级 定 制

✳

纪梵希 1997—1998 秋冬高级定制系列于 1997 年 7 月 7 日在勒内·笛卡尔大学医学院举办。麦昆和他的艺术总监西蒙·克斯廷决定用"折中的解剖"作为这一系列的主题，把服装与动物结合在一起，甚至带上了一丝 1896 年英国小说家赫伯特·乔治·威尔斯（Herbert George Wells）的小说《莫洛博士岛》（*The Island of Dr Moreau*）中半人半兽生物的世纪末哥特风格。正是这本小说引发了当时反对活体解剖的风潮。眼看又一个世纪末就要到来，同样也关注"死亡象征意义"主题的克斯廷下意识地创作了一个表达类似焦虑的故事。他把麦昆对于 19 世纪服装的研究与 16 世纪法兰德斯医生维萨里（Andreas Vesalius）的人体解剖图稿结合在一起。为图稿中的骷髅"做造型"，或是把剥了皮的躯干塞进胸衣和裙子里，这样的景象讲述了一个 19 世纪 90 年代外科医生的精彩故事，他环游世界，搜集女人、服装、面料和动物。女人们被杀死、解剖（类似于"开膛手杰克跟踪他的受害者"和"贝尔默的玩偶"系列），然后在他的实验室里被重新组装——成为人造的半人半兽，既色情又独特，穿着带有色情意味的时髦衣服。

"折中的解剖"塑造了一批被切碎又被重新组装，复活之后走上纪梵希的 T 台跟踪杀害自己的凶手的女性。纪梵希这场发布会的背景是血红色的幕布，地上铺着来自东方的地毯和老虎皮，还装饰着医学器械。现场灯光昏暗，充满了爱伦·坡作品中的阴郁气氛，像是在向这位诗人和推理小说家的诗歌《乌鸦》致敬：

> 每一片紫色的丝绸窗帘
>
> 都发出瑟瑟的低沉哀怨让我心惊
>
> 让我感到前所未有的莫名惶恐
>
> ……
>
> 阴森恐怖的古老乌鸦，飞离于冥夜的海岸

在 T 台的两端放置着巨大的笼子，里面装着活生生的乌鸦，它们象征着随时到来的死亡。这一次，麦昆的戏剧化手法让人联想起了暗黑（Cult）导演蒂姆·波顿（他的第一部电影《亚戈博士岛》就是根据《莫洛博士岛》改编的），同时也让观众们思考起人类对于大自然的干扰以及时尚能如何创造美学新标准的问题。

发布会举办之前，有谣言称现场会出现尸块（伯纳德·阿诺特说这是 LVMH 集团的竞争对手散布的谣言，虽然这听上去确实很有麦昆的风格）。但是那些遗憾自己没能获邀参加这场展示了 50 件单品的发布会的人，能在场外听见发布会开始时场内高声播放的鸟类尖叫。有意思的是，纪梵希在当时"抵制皮草"的风口浪尖坚持使用了真的皮毛——虽然发言人否认了这点，但这是事实——发布会上展示了一件金色的狐皮箱型夹克和银色的狐皮围脖，狐狸的脸正好垂在模特的额头上，像是个面具。对于半人半兽的女人的隐喻，还有一顶豪猪刺的帽子，以及及膝的马毛外套。这位残酷的医生不仅去过西非，还在日本和中国搜集了不少"藏品"。这位"医生"会给自己创造的生物起宠物的名字，而麦昆也会给每个造型命名。模特霍纳尔·弗拉瑟身穿"游隼洛瓦特"

（Peregrine Lovat），这是一条装饰着雪貂尾巴的龙纹刺绣中国丝袍，模特头戴金色的韩式假发，手上还架着一只戴着兜帽的猎鹰（此外还有"布罗女士"，一条带裙撑的黑色及膝裙；以及"黑色水仙花"，取名于迈克尔·鲍威尔和艾默力·皮斯伯格1947年的同名电影，这身造型包括了裙撑和羽毛等元素，体现出与电影同等的狂热）。还有一条搭配了皮质宽腰带的和服，想必是他为音乐剧《西贡小姐》制作服装期间获得的灵感。一个模特穿着一件甚至遮住了脸的褶皱胸衣，头戴一只黑色小鸟笼，里面关着一只活鸟。在这场发布会讲述的故事中，模特们的发型、假发和发饰起到了关键作用：都是那么的出人意料、充满戏剧性。这场发布会的代表作是手工制作的格纹连体衣，一名亚洲模特身穿的覆盖着美丽玫瑰的带裙撑裙子，被束腰勒紧的腰部，黑色蕾丝上的串珠，以及19世纪90年代风格的串珠项链。

↑　这场发布会的灵感来自于西蒙·克斯廷和麦昆创作的黑暗童话：一个医生四处搜集女人，杀死她们并制造出半人半兽的生物。他们不知道的是，这几乎与赫伯特·乔治·威尔斯的小说《莫洛博士岛》几乎一模一样。图中的模特戴着饰有水晶的角状假发髻和缅甸长脖族的项圈，身穿带有围巾式翻领和蕾丝袖的夹克。

↑ "解剖学"的主题让麦昆可以再次呈现最爱的人类学和历史。上图为带流苏边的中国风情夹克和浣熊尾巴做的手笼。

"布景参考了 1920 年的电影《卡里加里博士的小屋》（ *The Cabinet of Dr Caligari* ），以及玛丽·雪莱（Mary Shelley[1]）的《弗兰肯斯坦》（ *Frankenstein* ）中的浪漫主义哥特风格。一个富有的收藏家和解剖学家迷晕了很多女孩，解剖她们。多余的尸块会被用来喂乌鸦。"

"秀场上方有一个房间，用来陈列解剖中发现的异常病理现象。可惜李太忙了，没能来看。他负责的是服装裁剪。这次发布会很符合朋克美学 —— 毁灭，然后重新开始。"

＊ 西蒙·克斯廷

---

1. 玛丽·雪莱，英国著名小说家，浪漫主义诗人雪莱的第二任妻子。因其 1818 年创作文学史上第一部科幻小说《弗兰肯斯坦》（或译《科学怪人》），而被誉为科幻小说之母。（译者注）

↑ 雅纳尔·弗拉瑟穿着"游隼洛瓦特",那是一条装饰着雪貂尾巴的龙纹刺绣中国丝袍,手上架着一只戴着兜帽的猎鹰。

工作室的工作人员显然被麦昆给他们布置的任务震惊了。"我给他们寄去了设计稿，他们吓坏了，说这太复杂了。我说，'这就是高级时装，亲爱的，你必须做得出来。'"[25]《卫报》说那是"麦昆发挥到最好"，[26] 但是《国际先驱导报》的苏西·门克斯的态度则苛刻得多："这个英国设计师到底在干吗？他说自己痴迷于高级定制，但高级定制的基础是让女人看上去美丽，而不是怪异。无须赘言，他唯一没有探索过的领域就是未来。"[27] 伊西·布罗曾佩服地对这位时装新闻界的老前辈说："苏西（Suzy），你从来不拍马屁！"似乎没有人注意到，当时距离赫伯特·乔治·威尔斯勾勒出一个反乌托邦的未来，正好一百周年。这是个很聪明的"巧合"：麦昆和克斯廷不仅仅是在反思过去，也是在预言未来。尽管无法确定观众席里有多少位曾接受过整形手术或是注射过玻尿酸，但鉴于 20 世纪末整形与微整形的流行程度，麦昆算是精准地把握了人们对于"完美"的渴求。这场发布会还应该与最新的审美标准对照着看：如今的美人样本是来自伦敦克罗伊登区的凯特·莫丝，在摄影师科琳·德的镜头中浑身雀斑，又性感迷人，20 世纪 80 年代末和 90 年代初的女战士般高大强悍的超模已经过时了。3 个月以后，艺术家组合杰克和迪诺斯·查普曼（Jake and Dinos Chapman）的作品"合子加速，生物遗传，升华的欲望模型"（Zygotic Acceleration, Biogenetic, De-subliminated Libidinal Model，1995）在伦敦皇家艺术学院参加了"感觉：萨奇收藏的英国青年艺术家作品"展览。"皇家艺术学院应该展示这种令人震撼甚至觉得受到冒犯的作品吗？"媒体这样写道。麦昆搜集查普曼兄弟的作品，其中就包括了"合子加速"。这一作品的主要元素是基因工程和色情文学，与"折中的解剖"系列在内涵上有所交叉。麦昆从来都不被过去所困。根据这位"时尚界的达米恩·赫斯特"说，纪梵希是时候要"向前看"了。[28]

1997 年 7 月，美国版 *Vogue* 在麦昆为纪梵希制作的第一组广告大片拍摄现场（摄影师是理查德·艾弗顿 Richard Avedon）采访了这位设计师，结合对"折中的解剖"发布会的观感，刊登了专题文章《恐怖的麦昆》（*McCabre McQueen*）。[29] 这篇文章指出，如今在每场发布会举办之前都会有铺天盖地的宣传攻势，但还漏掉了这一点：这就像是一架自动运行的机器，已经不需要人力的操纵了。一篇刊登在《星期日泰晤士报》（*Sunday Times*）上的文章说，"麦昆令时尚界人士的血液都吓得结冰了"，还不太准确地声称麦昆运用到了人体器官——实际上只是陈列室里摆放着一些，此外这篇文章误称麦昆的灵感来自于伊丽莎白时代的科学家和巫师迪博士（Dr. Dee）。

为《恐怖的麦昆》担任视觉编辑的是伊莎贝拉·布罗，而摄影师则是肖恩·埃利斯（Sean Ellis）。他们两人上一次合作时拍的一组大片，创下了 *Vogue* 史上最贵——同时也是最好——的大片纪录。这篇文章还暗指麦昆具有双重人格，而此时纪梵希的公关部门正在拼命控制麦昆对于《星期日泰晤士报》那篇文章作出的反应。他对于这份报纸充满了不信任感。在埃利斯为他拍摄的肖像中，他似乎是在作出某种姿态，脑袋上缠着一个塑料袋，像是在玩 S&M 游戏，笑得露出了两排牙齿。美国版 *Vogue* 的凯瑟琳·贝茨（Katharine Betts）写道，观看麦昆的发布会就像是开车经过车祸现场，并不得不向外张望；在"折中的解剖"发布会的布景预览中，时尚界前辈苏西·门克斯仔细研究了那里的两只乌鸦（此外还有四只），麦昆不太诚实地告诉她，这些乌鸦将在发布会后被放生。

在发布会之后，麦昆对贝茨说，他并不觉得自己的发布会"恐怖"，用"性感"和"肉欲"来形容会更确切。这场秀讨论的是时尚界的"充满激情"的一面，因此激起了观众们强烈的情感反应。这篇文章把艺术总监西蒙·克斯廷布置的华丽布景形容为"阴沉恐怖"，并引用门克斯对于高级服装不应该是"怪异"的言论。更有趣的是，发布会上有一位模特身穿酒红色长袍、被缝制成 18 世纪 70 年代风格的胸衣和玛丽·安东尼式的拖鞋，有人认为这暗示了麦昆的"厌女症"倾向，而麦昆却说

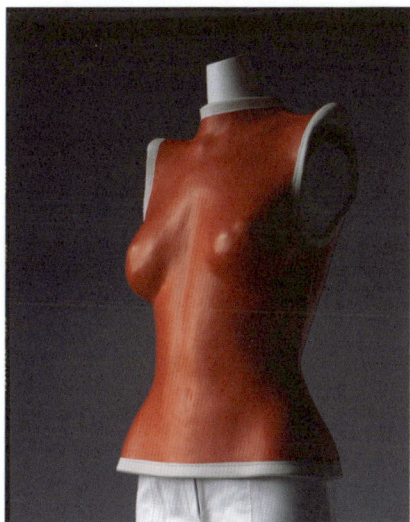

← 纪梵希 1999—2000 年秋冬成衣系列，红色的压制雕皮胸衣，点缀着白色真皮。这件衣服根据模特的身体型造成型，穿上去就像是机械人的"皮肤"上长满了铜锈。这一系列是对斯坦利·库布里克的电影《2001：太空漫游》（*2001: A Space Odyssey*）的致敬。

→ 纪梵希 1998—1999 年秋冬成衣系列，是对电影《刀锋战士》中瑞秋一角的致敬。为这一角色设计造型的是查尔斯·诺德（Charles Knode）。电光蓝套装，夹克上点缀着蓝色狐皮。

从《2001：太空漫游》中获得灵感，纪梵希 1999—2000 成衣系列以 LED 灯为主要特色，模特们打扮成浑身装饰着霓虹灯、来自未来的机械人。

自己的灵感来自于《国家地理》杂志。显然，这套造型的寓意是"掩盖"，也就是富有的伊斯兰女性对于西方时尚的消费，她们将现代的性感隐藏在了传统的服装之下。

麦昆并不希望把女性塑造成纤细脆弱的样子，而是希望赋予她们力量。但是他自己偏偏是脆弱的——在面对女性主宰的时尚媒体，以及他需要负责保证的市场份额时。在他1996年来到巴黎之前曾无忧无虑地说："当一天结束的时候，时尚就像是一场玩笑。不必太认真。" [30] 这样轻松的心态一去不复返了。你可以想象当他读到"恐怖的麦昆"时的反应，这篇文章在他伦敦的发布会之前不久发表，并把他比作了化身杰凯尔博士（Dr. Jekyll）和他的分裂人格海德先生（Mr. Hyde）。这也许能解释为什么麦昆在之后的一场发布会（"无题"，1998年秋冬，见后文）上从高处往T台上撒尿：这是杰凯尔博士变身为海德先生后的行为。

分 水 岭

鉴于麦昆不可避免地在自己的作品中融入了自己生活中的一些元素，那么仔细研究一番于贝尔·德·纪梵希和他之间的关系就显得很有必要——尽管这两位设计师之间的联系有些薄弱。温柔、敏感、优雅的奥黛丽·赫本，一再被纪梵希拿来作为女性的样本，但无论如何也算不上是麦昆心目中的理想女性，他无法打心底里与她产生哪怕一丝一毫的联系。相反，另一位纪梵希的缪斯，男孩子气的贝蒂娜·格拉兹阿妮却不是那种羞怯的女性，联系起了麦昆与纪梵希。而纪梵希最早的高级定制客户之一马林·迪特里（同样也是夏帕瑞丽和安德森和谢泼德的客户），她是个胆识过人、中性气质的女性，具有"只可远观，不可触碰"的人格，而这也启发了麦昆对于女性形象的塑造。而且，24岁时的纪梵希在1952年发布他的第一个高级定制系列后，同样也面对过媒体的批评。*Vogue* 编辑贝蒂娜·巴拉德（Bettina Ballard）在她的回忆录《我的时尚》（*In My Fashion*）中写道："那些高级定制的服装剪裁太糟糕，即使能从中看出设计师的天赋，但也让人难以称之为'高级定制'。直到整整一年之后，时尚杂志才开始为于贝尔·德·纪梵希的想法提供建议和赞扬。这个害羞而傲慢的年轻人一直都清楚，自己具有惊人的天赋。"[31]

1952 年的巴黎首秀之后，纪梵希跟随巴伦西亚加学习服装的艺术。同时他也和现在的麦昆一样经受着舆论的批评："服装的每个部分都必须是完美无瑕的。衣服内部隐藏的部分也应该和外面一样完美。制作那些没办法卖甚至没办法穿的连衣裙，有什么意义？这是在自寻死路。如果只想做单纯好看的衣服，那会带来灾难，因为这不能体现法国时装的好品位。"[32] 最大的困境在于：创新、原创，与高卢人的好品位之间的碰撞，就像是巴黎和伦敦之间的鸿沟，麦昆独自无力填平。更何况，萨维尔巷出身、热爱手工艺的麦昆，让 McQueen 衣服的衬里绝对地完美。

就在 McQueen 的这条线逐渐壮大（1997 年，麦昆第二次被英国时装设计协会评为"年度设计师"）之时，他却没能在纪梵希取悦顾客们。意大利南部小镇莱切的艾斯特·斯卡利亚里尼（Ester Scaglierini）精品店主对他成衣系列的反馈很能说明问题："我认为这一系列应该再经典、朴素一些。纪梵希品牌是高端的、精英的，不需要这些与定位相悖的东西。就我的顾客而言，他们会选择不那么夸张、前卫的风格。这才是纪梵希的发展方向。"[33] 那么纪梵希的老客户们呢？社交场上的名媛伊万卡·特朗普（Ivana Trump[1]）把时装屋与可口可乐相提并论；1985 年，可口可乐发现"新可乐"这个名字并不受欢迎，就又恢复了"可口可乐"的名号。"很明显，"她对《女装日报》（*WWD*）说，"如果我负责纪梵希，就一定会找一个与纪梵希的精神有真正共鸣的设计师。"

在纪梵希期间，麦昆似乎一直因为找不到方向而挣扎，他所设计的一系列服装也因此缺少连贯性：从牛仔女孩到太空外星人、篮球，以及

---

1 伊万卡·特朗普，美国商人、社交名媛、模特，纽约地产大亨唐纳德·特朗普与他第一任妻子所生的孩子。（译者注）

2000 年的朋克主题。他的 1998—1998 年秋冬成衣系列，是在向 1982 年的电影《刀锋战士》致敬，发布会上的模特打扮成影片中由肖恩·扬（Sean Young）扮演的机器人瑞秋。这个灵感源于麦昆和西蒙·昂格莱斯在旧金山的一次度假期间。"他一遍又一遍地乘坐 F 线'叮叮'车——一种亮红色的铬合金有轨电车。"昂格莱斯回忆道，"他觉得这个场景'刀锋战士'棒极了，也许他正是在此时获得了灵感。很多同性恋者都迷恋20 世纪 40 年代的时装，这也是在《刀锋战士》为瑞秋做造型的查尔斯·诺德的灵感来源。" [34] 实际上，这位典型的"荡妇"也是麦昆的朋友特里克西异装时常常打扮成的样子。总之，麦昆塑造出的女性，没有一个与纪梵希经典的女性样本《蒂凡尼的早餐》中的奥黛丽·赫本沾得上边。

压垮骆驼的最后一根稻草，是纪梵希的司机。他为麦昆开了将近 5年车，却从来没跟他说过一句话。"李是出租车司机的儿子，而且特别爱拿这个开玩笑。他肯定为司机不理他感到很受伤，"爱丽丝·史密斯说，"他无法理解这是为什么。"因此在 2001 年，他终于与 LVMH 集团的竞争对手古驰（Gucci）集团签约。君子复仇，十年不晚。

← 在纪梵希 1998—1999 秋冬高级定制系列中，麦昆把目光投向了南美洲土著文化，似乎是在预演日后的"树鸭（Irere）"系列。传统的纪梵希风格在此荡然无存。

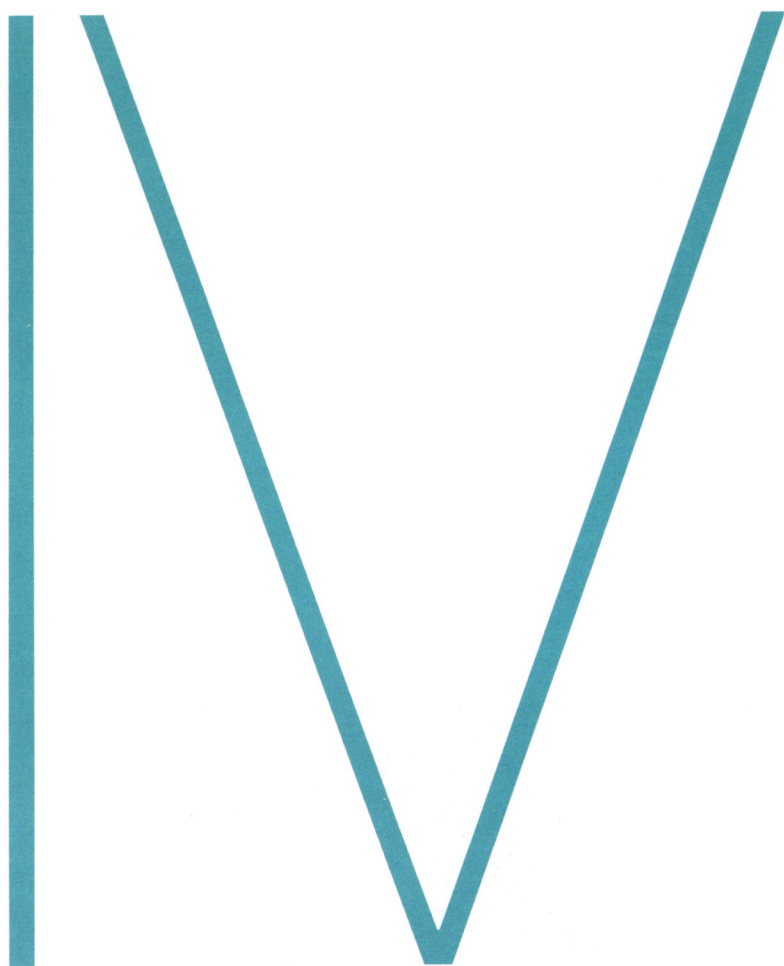

IV

伦 敦 系 列

1997 年 10 月，麦昆第二次被英国时装设计协会评为"年度设计师"，与他分享此奖项的是加利亚诺。因为麦昆让伦敦再次成为了时尚媒体和买手们心目中的时尚之都，并且他和加利亚诺都是率先在巴黎发展的英国设计天才。那个秋天，他发布了自己的第一个男装系列，紧接着，他的老朋友约翰·麦克肯特瑞克邀请他参与设计"比利娃娃"的服装，和麦昆一起参与设计的还有范思哲、卡尔文·克莱因、克里斯汀·拉克鲁瓦和让·保罗·高提耶等 70 个设计师，这些设计将于 1998 年 6 月 2 日在纽约新当代艺术博物馆参与一项为艾滋病慈善组织 LIFEbeat 举办的慈善活动。"他给自己设计的玩偶身上设计了一个与他一样的泰式文身图案——右胸上的蓝色锦鲤。"麦克肯特瑞克回忆道。[1] 那次慈善活动筹集到了超过 425000 美元的善款。更颠覆的是，"李对身体装饰（Body

Decoration）感兴趣了，在这一艺术开始流行之前"。他的朋友 A.M. 汉森说："他爱上了部族文化，开始佩戴黑色的大耳钉和宽戒指。"[2]

西蒙·昂格莱斯曾阐释过麦昆那些灵感的来源，很大程度上被归功于布罗，但更多的应该源于他那位了不起的母亲。"他像一个真正的劳动阶级那样尊敬历史、了解历史，但这又与他身上那种劳动阶级的反正统态度相矛盾——这让他成为了一个矛盾综合体。他几乎什么都读，对于在这个世界上发生的一切都有自己的态度，还有很丰富的历史知识可供他汲取灵感。他的理念可不仅仅只是关于肤浅的色彩什么的。"[3]

在 1993 年到 1997 年，伦敦时装周从只有 16 场发布会和 50 场展览，壮大到了 54 场发布会和超过 150 场静止展览的规模。《星期日泰晤士报时尚特刊》的柯林·麦克道威尔将之比作幼儿园里的圣诞节演出，无论是否有才华，每个小孩都能在聚光灯下亮相。他听说一些第一次参与时装周的愣头青自命为"新的'亚历山大·麦昆'"，这令他震惊，因为"那位旧的亚历山大·麦昆还没有出人头地呢"。[4]伦敦时装周为英国经济带来了大约 6 亿英镑的收益，以及两亿六千四百万英镑的出口额。在那一季参与时装周并为伦敦的时尚带来实验性风格的设计师还有安德鲁·格洛夫斯、崔斯坦·韦伯（Tristan Webber）和侯塞因·卡拉扬。然而论及实验性和理念，第 9 次为自己的品牌举办发布会的麦昆显然略胜一筹。"这个系列讨论的是精确。"他在发布会举办之前宣布，而这显然是他最拿手的。[5]

← 史蒂夫·皮克（Steve Pyke）拍摄的亚历山大·麦昆肖像。他右上臂上的文身来自莎士比亚喜剧《仲夏夜之梦》中海伦娜（Helena）关于爱的独白："爱不是用眼睛看出来的，而是用心感觉出来的。"
后 页 图 左为 1998 年秋冬，麦昆设计的拉链连衣裙。右为身穿螺旋形拉链连衣裙的安东尼·普莱斯。造型师阿利斯特·迈奇（Alister Mackie[1]），热娜（Zanna）摄于 1998 年 4 月。

1.阿利斯特·迈奇，英国著名造型师，现任 Another Man 杂志的创意总监，以及 Dazed & Confused 杂志的时装编辑。（译者注）

无　题

Untitled

1998 春夏

✳

1997 年 9 月 28 日，麦昆发布了 1998 年秋冬的服装系列。这一次发布会再次由 Amex（美国证券交易所）赞助，赞助金高达 3 万英镑。[6] 他再次呈现了以水为主题的视觉效果，但这一次他使用了一股股金色的水 —— 因此他称之为"金色沐浴" —— 不算隐晦地影射了虐恋（S&M）性文化中的"喷尿"（在性伴侣的身体上或是口中撒尿）。但是鉴于赞助商认为这是"不适宜"的，麦昆让步了，把这次发布会命名为"无题"。感谢美国运通金卡，麦昆指出，"英国设计师需要赞助，以此保证伦敦在世界上的时尚地位"。

　　"无题"发布会在伦敦维多利亚地铁站的一个巴士车站举办，2000 名观众参与其中。这个场地正好与博罗市场隔着一条泰晤士河，距离伦敦的高档地区斯隆广场（Sloane Square）和斯隆大街上的设计师精品店都很近。然而发布会的布景却简陋而充满工业色彩，在 50 英尺（15.2 米）长的 T 台上营造出令人毛骨悚然的效果 —— 一个塑胶贮水池里装了半池子水，被紫外线照射着，这些材料和技术都是由英国化学工业公司（ICI）提供，建造出麦昆至今为止规模最大的一次布景。随着一声惊雷和一道闪电，发布会开始了。模特们就像是 20 世纪 60 年代的少女般，戴着缀有流苏的长假发和假睫毛，四人一组走上 T 台，以减轻对地板的压力。

← 这场发布会原本命名为"金色沐浴"，据说赞助商美国运通曾威胁说要撤资，因此才改名为"无题"。图为凯特·莫丝走过被黑墨水淹没的 T 台，空中浇下金色的水，秀场里播放着《大白鲨》的配乐。她身穿一件不对称的白色雪纺抹胸连衣裙。舞台布景由西蒙·克斯廷设计，这是他最后一次与麦昆合作。

"外面的世界很复杂"系列体现的是非洲平原上的"适者生存",而这一系列同样也关注了大自然中的弱肉强食,只不过采取了水的元素,呈现的则是两栖动物从远古的沼泽中爬上岸的过程。

珠宝设计师肖恩·利尼设计的骨状紧身胸衣在身后还有一个尾巴,暗示生物的进化,而一件超紧身蟒蛇皮连衣裙则暗示着爬行动物,螺旋状的蟒皮紧紧缠绕在身体上,就像要切断模特的血液流通。这些都按照手术的精准度设计(就像利尼之前设计过的铝制下颌,当时佩带在一名男模头上,麦昆也研究过第一次和第二次世界大战中士兵们接受的矫形外科手术),后来成为了麦昆的标志性造型。与紧身胸衣搭配的,是透明的垂坠白色雪纺,在大腿处点缀着透明的泡沫或是黑玉和黄铜的串珠。此外还有手工制作的夹克式连衣裙,翻领被剪切成了缓裥褶领,与之搭配的是紧身裤。

模特史黛拉·坦娜特穿着一条被剪碎成条状的小羊皮胸衣,并露出了自己的胸部 —— 这个算不上太前卫的造型,却受到了伦敦《标准晚报》的羞辱,这家报纸称这是"女性无聊的堕落"。但奇怪的是,《标准晚报》刊登的三张图片都是关于胸部的,用来取悦自己的读者。[7] 发布会上再次出现了男模,这让人回想起"群鸟"发布会上的铂尔先生。男模们穿着胸衣和短裙,设计师借此让人们反思男装时尚,甚至性别问题的演进。莎拉·赫曼妮(Sarah Harmanee[1])设计的镀银首饰混合了骨头和刀锋。而在发布会进行到一半的时候,安·皮波斯(Ann Peebles[2])的"我不能忍受的雨"(I Can't Stand the Rain)突然响起,而雷声也大作起来,黑色的墨水被注入贮水池中,天花板上浇下金色的大雨。模特们的妆容从脸上流下来,穿着白衣走出来;凯特·莫丝穿着白色的平纹细布衣服,裙裾从水池中拖曳而过,全身的衣服都在大雨中变得透明。

上一次伦敦出现这种透湿的白色平纹细布连衣裙还是在 1986 年春

---

1. 莎拉·赫曼妮,当今最富创意的珠宝设计师之一。(译者注)
2. 安·皮波斯(1947—),20 世纪 70 年代美国南方灵魂乐最好的女歌手之一。(译者注)

夏约翰·加利亚诺的"被遗忘的天真"（Forgotten Innocents）发布会上，但麦昆却说："约翰是纯粹的浪漫主义，而我却更接地气，我的衣服也更富有挑衅意义。"[8] 与此同时，伊莎贝拉·布罗将这个系列称为"时髦而简单，同时也非常美丽"。[9]

↓ 模特肖恩·利尼身穿皮革与铝制"脊椎"胸衣，内搭一件黑色无袖带腰带上衣，上面布满了点点银粉。这个系列的主题是大自然中的生物进化以及弱肉强食，因此模特身穿着远古生物的"脊椎"。

"'无题'是我第一次在 T 台上拥有决定权，因为这次李实在太忙了。他给我的要求就是'我想要 T 台上有阴阳变幻 —— 一切都要跟阴阳有关，西蒙'。所以这次发布会以白色开场，中途切换到黑色主题。就在这时，他建议说，'让我们在她们身上撒尿'。因此他希望在下半场往模特身上泼象征性的金色大雨。彩排时是凯蒂·英格兰负责走秀。这个系列并没有制定特别的主题来引导我的工作，最后我们把 T 台做成了一件雕塑。我们用了 16 片能找到的最大的树脂玻璃，每片都有 1.5 英寸厚。英国化学工业公司给我们提供了树脂玻璃，哈玛尔亚克力（Hamar Acrylic）公司帮我们塑造成型，摄影师西蒙·夏图尔（Simon Chadoir）又在玻璃下面布了 200 支荧光灯。当发布会的下半场开始的时候，我们就往水池里面注入墨水。'我们得加入《大白鲨》的元素，西蒙。'李说，他爱死斯皮尔伯格的这部影片了，因此发布会上还播放了约翰·威廉姆斯（John Williams[1]）的《大白鲨》配乐。伴随着惊心动魄的音乐、滚滚雷声以及瓢泼的'大雨'，模特们穿着白衣走过被染成黑色的 T 台。为了营造降雨的效果，我们不得不在天花板上布置了一套洒水系统，洒下加热过又加了颜料的水。对我来说，这就像是一种装置艺术。"

"李很高兴，我们团队中的成员们都逐渐为世人所知。然而当他加入了纪梵希，情况就不一样了。他开始受到报纸上那些评论的影响，有史以来第一次，他阅读了关于他的所有报道，并且深受其扰。一切都变了，那种开心的感觉消失了。因为那些发布会。在我看来，他的生活变得很麻烦，因为全世界都把注意力放在了他的身上。我们没有哪次出门是身后不跟着摄影师的。本来我和乔-彼得·威金的作品放在一起展出过，李对此还很欣赏。但是当 McQueen 成为品牌，我们每个人的一切都变得与品牌密不可分。"

＊　西蒙·克斯廷

---

1. 约翰·威廉姆斯（1932—　），电影音乐创作者，代表作有《辛德勒名单》《星球大战》《侏罗纪公园》《E.T》等。（译者注）

贞 德

Joan

1998 — 1999 秋 冬

✳

继"无题"的都市极简主义之后，1998 年 2 月 25 日举办发布会的"贞德"系列令人意外。一如其他设计师，麦昆在此之前才从历史中汲取过灵感，但是时尚界还没有谁回顾过 15 世纪那个有些奇特的年代，也没有用 1431 年被烧死的圣女贞德作为灵感。但是这个故事却占据了麦昆的头脑，令他从这段模糊而令人痛苦的历史中获得了启发。"我对于那些人们不想面对或承认的事情感兴趣。"在此前一年的 9 月份，麦昆对杂志说。这本杂志刊登的采访文章可比《恐怖的麦昆》温和多了，文中说："这场秀探讨了埋藏在灵魂深处的潜意识。"[10]

"我清楚地记得那次发布会，"爱丽丝·史密斯说，"因为我当时特别紧张。我从来没有在李的发布会上这么紧张过，在此之后也没有。我在后台一根接一根地抽烟！"这一系列中还加入了苏格兰玛丽女王和俄国罗曼诺夫王朝的元素，更加强化了主题中"命定的厄运"。再也没有人可以把麦昆称为不学无术之徒或是"出租车服装设计师"了，自此之后就再也没有人这么说过。

这位在八年战争中带领法国军队对抗英国军队的童女战士并没有照片留存于世。那么这一系列服装的灵感是不是来自于伊西·布罗呢？根据 A.M. 汉森的说法，"他早就痴迷于有关死亡的主题了，疾病、幽冥，

← 根据"圣女贞德"和她殉难的传说，一个模特身穿中世纪风格的勃艮第红酒色皮质铠甲、护手和黑色的皮裤。她还戴着红色的隐形眼镜和皮质头巾，麦昆在之后的几个系列中还会延续这个造型。莎拉·赫曼妮曾为"圣女贞德"系列制作过一件镀银铠甲，而这个造型是那件铠甲更灵活柔软的版本。

所有关于死亡的主题都深深吸引着他"。[11] 他们两个曾经常一起参观美术馆和画廊，特别是华莱士收藏馆。在那里，麦昆不仅可以研究华丽的盔甲，还有杨·戴维茨·德·希姆（Jan Davidz de Heem[1]）的静物油画《有龙虾的静物》（*Still Life With Lobster*）（1643）和让·巴蒂斯特·奥德利（Jean-Baptiste Oudry[2]）的《死去的牝鹿》（*Dead Roe*）（1721），这两幅画的主题都是"向死而生"。

这场发布会于 2 月 23 日在伦敦维多利亚区的一个废弃巴士车站举办，发布会上一共呈现了 91 组造型。麦昆的 T 台是一块 100 英尺（30.4 米）长的有机玻璃，被地灯照亮，上面覆盖着"火山灰"。模特包括凯伦·艾尔森（Karen Elson）、艾琳·欧康娜（Erin O'Connor）、霍纳尔·弗拉瑟和朱迪·基德；她们头戴金色假发，皮肤被涂得惨白，戴着红宝石一般的隐形眼镜。整场发布会的色调为勃艮第红酒色、黑、灰和红，开场是一条大翻领连衣裙，搭配一件银色链甲，紧接着出场的是一条长长的银色链甲式连衣裙，配有一条面纱。服装的面料从拉菲草、编制皮革、蛇皮，到格子呢、黑色丹宁，再到黑色黄油软羊皮、亮片和串珠。部分服装为手工缝制，包括礼服外套（肩部比以往要柔软）和一件亮片夹克，夹克上的图案为尼古拉斯二世教皇杀死的孩子们。继爱德华七世风格的主题之后出场的，是一系列带骨撑的高领雪纺衬衫，斜裁并带有细褶，搭配纤瘦的拖地长裙。

这一系列服装一如既往地带有雌雄同体的男装气质，一个模特身穿格子呢的抹胸连衣裙，肩头装饰着火车。随着发布会逐渐进行到高潮，红色成为了 T 台上的主色调，而主人公将被执行死刑的暗示也越来越明显。模特艾琳·欧康娜和黛博拉·威尔肖（Debra Wilshaw）分别穿着蕾丝和蛇皮、戴着兜帽出场，而霍纳尔·弗拉瑟和麦昆的灵感缪斯安娜贝尔·尼尔森（Annabelle Neilson）装扮成"圣女贞德"压轴出场，身穿

---

1. 杨·戴维茨·德·希姆（1606—1684），出生于乌得勒支，描绘题材通常是书本、乐器等具有象征意义的物品。（译者注）
2. 让·巴蒂斯特·奥德利（1686—1755），法国画家，尤其擅长静物画和打猎场景。（译者注）

↑ 凯蒂·英格兰，热娜摄于 2000 年。她的一只手暧昧地放置于胯部，另一只手戴着手套。她身穿的斜裁苏格兰格子图案单肩连衣裙由麦昆设计。

红色串珠连衣裙，身边围绕着熊熊火焰。

　　根据《女性时装日报》的报道，如果说这场发布会没有"无题"中的雷声那么富有戏剧性，那么"发布会呈现出的这一系列服装却更有力"，而标志性的礼服外套、丹宁曳地长裙和"爱德华七世时代的风格"深深地影响了伦敦的潮流走向。[13] 火，是麦昆在自己发布会上无意中使用到的四个自然元素中的第三个。

和 李 在 一 起 时 ，

我 们 总 是 灵 感 迸 发 。

他 的 意 义 远 远 超 越 了 时 尚 或 是 艺 术 ，

他 创 造 了 属 于 他 自 己 的 文 化 ，

也 创 造 了 一 套 属 于 他 自 己 的 文 化 背 景 。

他 把 那 一 切 都 赠 予 了 我 们 。

★

A.M. 汉森

Joan

Deep inside of me I have no
regrets of the way I portray myself
to the General Public.
I will face fear head on if
necessary but would run from a
fight if persuaded.
The fire in my soul is for the love
of one Man but I do not forget my
women whom I adore as they burn
daily from Cheshire to Gloucester.

A. McQueen '98

photography **Nick Knight**
art direction **Alexander McQueen**

Image manipulation Steve Said, model Shirley Mallmann at Select, make-up Val Garland at Untitled* using Nars Cosmetics, hair Guido for Nicky Clarke, bald cap specialist Karla Saito, shot at Metro Studios

↑ 麦昆的一封信，写给那位从柴郡一直"燃烧"到格洛斯特郡的女性。

159

第 13 号

NO. 13

1999 年春夏

✳

这是麦昆的第 13 场发布会，他丝毫不顾忌迷信说法，直接把它命名为"第 13 号"。事实证明这似乎是一个幸运数字，因为这场发布会被誉为麦昆有史以来最成功的一次，在硬核先锋与女性气质之间取得了完美平衡。

发布会于 1998 年 9 月 27 日在伦敦维多利亚巴士车站举办，展示了一系列"几乎所有女人都想穿上身的衣服"。[14] 这次的主题是"艺术与工艺运动"和新科技。"这是为了提醒我自己不要忘记自己的双手，它们继承了工匠的技巧，又能运用最新的科技。"他在 i-D 杂志 1999 年 1—2 月刊上说。[15]

发布会还探讨了完美的身体，麦昆为此请来了几位残疾模特，其中包括艾美·穆林斯。穆林斯在童年时期就因为医疗条件不好而接受了膝盖下的截肢手术，但后来却成了一位保持世界纪录的运动员。在此之前，麦昆在《眩晕》杂志（1998 年 9 月刊）担任客座编辑时就拍摄了一组残疾模特。"我们不是想引起争议，"编辑杰弗逊·哈克（Jefferson Hack）写道，"而是为了赞美人与人之间的差异。"

穆林斯穿着一双油漆过的木质假腿作为开场模特出场，这双假腿由麦昆亲自设计，工匠鲍勃·沃茨（Bob Watts）制作，带有浓重的英国巴洛克时代雕塑家和木刻家格林林·吉本斯（Grinling Gibbons, 1648—

← 嘉玛·沃德（Gemma Ward）身穿麦昆"第 13 号"系列的压轴作品。在发布会现场，莎洛姆·哈罗身穿这条连衣裙，被两台喷漆机器喷洒上颜料。克雷格·麦克迪恩（Craig McDean）摄于纽约，2006 年。麦昆说，这是唯一一场美到让他哭泣的发布会。

1721）的风格。同时她还身穿一件双排扣大衣，后背镶嵌着柔软的雪纺布料，内搭简洁的黑色垂坠感连衣裙。"艺术与工艺运动"的主题还掺杂了对当代科技的探讨：丝织条纹外套在膝部装饰着平滑板扣，一件拉菲草和皮质编织的短裙搭配一条饰有锁边绣的大露背皮质上衣，机器塑形的皮质防弹衣周围围绕着螺旋形的斜裁奶油蕾丝。此外，还有一系列大师级的垂坠作品：从银色金属感斜裁皮裙——就像上一季那么长——到一条银色斜裁鸡尾酒会裙，露肩外加大露背。而一条透明的、围绕着闪闪发光的螺旋形布料的连衣裙是在向女设计师夏帕瑞丽和超现实主义者们致敬。[16]

至于鞋履……是19世纪90年代短靴和18世纪30年代风格的置于鞋底中央的高跟的混合，只不过这里的鞋跟与地面呈45°角。每双鞋都是闪闪发光的棕色，还带有奶油色的皮质镶边，以此来衬托皮质的紧身胸衣。铰接式的木质短裙就像是裙撑一样充满了体积感，这是麦昆最新的代表作。"设计师的技巧在于平衡硬朗和柔软，"《女性时装日报》评价道，"以及一个美妙的服装系列，这一切呈现在舞台设计上，而模特们则站在旋转的圆形转盘上，背景音乐低沉婉转，有时甚至低不可闻。"伴随着查尔斯·卡米尔·圣桑斯（Charles Camille Saint-Saëns[1]）管弦乐版《天鹅之死》（The Dying Swan）的高潮部分，模特莎洛姆·哈罗（Shalom Harlow）身穿一条胸部系着皮带的圆形剪裁白色抹胸裙压轴出场。她站在一个圆形转盘上，两台从菲亚特汽车厂买来的喷漆机器往她身上喷洒着黑色和绿色的荧光油漆。这个主意最初来自艺术家瑞贝卡·霍恩（Rebecca Horn）的作品《喷漆机器》（Painting Machine，1988）。"这是我最好的一场发布会！"麦昆对作家莎拉·摩尔说，"特别是莎洛姆出场的那一刻！"[17]对于穆林斯来说，这场发布会讨论的不是残疾，而是差异："人们仰慕强壮的女人，他们在寻找个性和力量。"她说。[18]

麦昆告诉《卫报》，这是唯一一场让他感动到流泪的发布会："我

1. 查尔斯·卡米尔·圣桑斯（1835—1921），浪漫时期的法国作曲家，也是著名的钢琴及管风琴演奏家。

们想要说明美来自于内在。你去看那些主流杂志，上面全是些漂亮人物。我知道我们可能会刺激到一些人。你不必喜欢它，但是你得意识到它的存在。"[19] 最后，他带着他的英国斗牛梗——果汁和斯塔福斗牛梗——薄荷一起上台鞠躬谢幕。

全 景

✳

业界对"第13号"系列表现出高度赞赏的体现之一，就是美国版 *Vogue* 的编辑安娜·温图尔参加了 McQueen 自有品牌接下来的一场发布会。这场发布会于2000年2月23日举办。李认为，根据"*Dante*"系列可以看出，他的风格是折中主义而不算极简主义，而他的1999—2000年秋冬系列则继续展现了他的广阔视野。这一系列被命名为"全景"，指的是斯坦利·库布里克电影《闪灵》（*The Shining*）中建在印第安人坟地上的全景酒店。覆盖着白雪的T台上搭建起了有机玻璃墙，后面燃烧着上千根香氛蜡烛。背景音乐是低沉的狼嚎与回旋的风声，营造出阴森的气氛。观众们不由自主地回想起影片主人公在打字机上反复打出"只工作、不玩耍，孩子会变傻"这句话的诡异场面。滑冰者们穿着羊毛织物、编织精致、缀满蕾丝的长裙、皮质和格呢拼接服装，或是绘制着茂盛玫瑰的皮质连衣裙出场，又令气氛显得不那么恐怖，像是一场浪漫的表演。肖恩·利尼设计的螺旋式铝制部落风格紧身胸衣，灵感来自南非和津巴布韦的恩德贝勒部落居民们佩戴的串珠项链。但衣服却被命名为"哥萨克"，弱化了原本的部落气息。

　　模特们则带有微妙的脆弱气质。一些模特戴着印第安部落风格的假发，眼睛周围涂着银、白二色颜料；还有两个戴红色假发的模特，象征着《闪灵》里被谋杀的姐妹。在一片白雪般的舞台布景中，朱红色的头

← 两个戴着标志性红色假发的模特扮演的是《闪灵》中的幽灵姐妹。灰色羊毛外套和灰色衬衫，设计与剪裁都体现了麦昆作品的严谨与精密。

发显得格外醒目："红头发很有意思，不是吗？"麦昆对《别册》杂志说，"他们是很特殊的一群人。"服装的色调以黑白为主，配合灰质浅粉色。装饰着皮毛的夹棉外套、锥形跟高跟鞋和一件扇尾鸟廓形外套，都延续了麦昆对不对称剪裁的偏好。发布会上还展示了麦昆在伦敦康迪街即将开幕的店铺，可以看出他准备了足够多的商业元素可以保证销量。包括条纹外套和百褶裙、夹棉耸肩夹克、低腰连体衣和粉色风雪大衣。最后，麦昆随着弗兰克·辛纳屈（Frank Sinatra[1]）吟唱《伴我飞翔》（*Come Fly with Me*）的歌声，出现在T台上。有些人认为这是他"最好的发布会"，但这是真的吗？发布会上糅合了不同的美学元素，但是真正的成功却属于18个月后举办的"沃斯"（Voss）系列发布会。麦昆用这场恐怖而迷人的发布会告诉人们，库布里克这部恐怖大片中血流成河的戏剧性场面，在真实生活中并不存在。

← 根据斯坦利·库布里克的电影《闪灵》（*The Shining*）而设计的"全景"系列，走秀全程都在有机玻璃墙后进行。天花板上飘落下雪花，群台布置充满了幽灵般的神秘气氛。蕾丝半身裙、皮草外套和发饰都带有印第安土著风格。

1.弗兰克·辛纳屈（1951—1998），20世纪最重要的流行音乐人物之一，集歌手、演员、电台和电视节目主持人、唱片公司老板等多重身份的娱乐界巨头。他不仅留下无数经典歌曲，还三次荣获奥斯卡奖。（译者注）

↓ 透明圆摆半身裙，上面印着哥特风格的花纹与字体，搭配一件修身上衣。这是在麦昆位于伦敦康迪街专卖店售卖的第一个服装系列。专卖店橱窗的陈列继承了"全景"发布会的风格。

→ 肖恩·利尼的铝制螺旋状紧身胸衣，灵感来自非洲东北部的恩德贝勒部落女性。制作这件衣服时使用了一个身材与利尼一模一样的人台，试装时再一圈圈地把铝条缠绕在利尼身上。

眼 睛

The Eye

2000 春夏

✳

在接下来的一季，麦昆做了一个争议性的决定，他把发布会放在了纽约，让时装编辑和买手们历史性地放弃了伦敦时装周来看他的秀。他不会成为安娜·温图尔口中"走红但没钱"的伦敦设计师。在飓风"弗洛伊德"横扫纽约的同时，2000 年春夏系列"眼睛"的发布会于 1999 年 9 月 16 日在纽约 94 号码头旁的西部高速公路上举行。其他设计师都因为下雨取消了发布会，但是麦昆要办秀的那天只是下了点毛毛雨，也就相当于把伦敦的天气搬到了纽约时装周，这更是让麦昆欣喜若狂——"太棒了！这点小风小雨挡不住我们的。"

美国运通公司为这场发布会提供的赞助多达 60 万英镑之多，而麦昆也为他们设计了一款限量版蓝卡（卡片正中间印着设计师自己的眼睛）。麦昆高度赞扬了这家公司，说他们想要"拥抱艺术和设计，而不仅仅追求金钱梦想"。[20] 而正是这家公司放任麦昆的反叛态度，把这场发布会放在纽约举办，因为麦昆认为这有助于他在全球的发展。在准备发布会时，麦昆接受了《女性时装日报》一次全面的采访，他告诉这家报纸说，他并不是个"恶劣的顽童，或者别的什么——愚蠢的词汇。我完全不是那样的，但有时我会表现成那样"。从商业的角度来看，这也许是他那种严肃个性与敏锐的商业头脑的某种表达。"我始终是个商

← 麦昆第二次在纽约时装周举办的发布会，探讨了东西之间、基督教和伊斯兰教之间的冲突，以及女性的权利问题。肖恩·利尼（Shaun Leane）为"眼睛"系列设计的施华洛世奇水晶镶嵌盔甲，结合了十字军的盔甲、阿拉伯女人的面纱和拳击运动短裤这三种元素。短裤上印着阿拉伯文版的 McQueen 商标。

人，只是我做生意的方式跟大多数人不一样。"他解释说。并且，他也不愿意被贴上同性恋文化中的某个标签，他不想被归入某种类型，他是个独立的个体，特殊而浪漫。[21]

这次的发布会具有伊斯兰和游牧民族风格（灵感最初来自他乘出租车时从广播里听到的土耳其音乐），同时"眼睛"系列再次探讨了女性被剥夺的权利——以及女性对此的反击。100英尺（30.5米）长的T台上盛着一层被墨水染黑的水（源自于"无题"系列），模特们涉水而来。在发布会的最后，一群模特从空中飞过T台，T台上则冒出了无数尖刺。这一系列的服装包括嬉皮士风格的裤子，在膝盖处的前方或后方打着锁孔状的小眼；拳击短裤，用写着"麦昆"二字阿拉伯文的搭扣装饰；串珠礼服外套、蕾丝长裤，以及红色针织垂坠感连衣裙。菲利普·崔西为这一系列设计了一顶美轮美奂的带角头饰，装饰着电线和叮当作响的银币，搭配一条东方风情的礼服。

面纱和透明哈伦裤带有浓重的异域风情，而中世纪风格的盔甲则含有反西方文化的含义；还有一件连接着头盔的珠宝镶嵌长袖上衣，简直称得上是珠宝工匠肖恩·利尼的杰作。这些十字军东征的元素寓意着与西方文化相对的宗教和文化，在当时显得十分敏感，因为基地组织在1998年8月轰炸了美国驻内罗毕和达累斯萨拉姆大使馆。让模特们身穿红、白、蓝三色的"布卡"（伊斯兰国家妇女穿的蒙面长袍）悬吊在金属尖刺之上，显然会在纽约引起诸多争议，这也让其他发布会黯然失色。

"宗教，社会或性别宣言？或者是一种自我放纵，故意让观众们议论纷纷？"《女性时装日报》提问。少一点表演性质，多一点实质性的内容，这是对这场发布会的建议。[22] "滚他们的。"麦昆对《标准晚报》说——看来他不会再回纽约了。"英国才是正确的地方。所有具有创造力的前卫人士都在那里。那里永远是我的家。"[23] 在最后上台致谢的时候，麦昆扯下自己的漂洗牛仔裤，露出了印着星条旗的短裤——这是来自他男朋友乔治·弗西斯（George Forsyth[1]）的礼物。

1. 乔治·弗西斯（1976—　），纪录片导演，2000年他与麦昆在伊维萨岛举行婚礼，名模凯特·莫丝担任伴娘。

伊　舒

Eshu

2 0 0 0 — 2 0 0 1　秋　冬

✳

麦昆从罗密欧·基利（Ronceo Gigli）那里学到的重要一课，就是旅行的重要性，以及从不同文化中汲取合适的元素作为设计灵感。尽管他没有什么时间经常旅行，但他有其他方法获得灵感：阅读人类学书籍和杂志。这一点在"折中的解剖"系列以及他自有品牌的服装系列中都表现得再明显不过。

"伊舒"（*Eshu*）系列发布会于 2000 年 2 月 15 日举办，这是又一场以"死亡"为主题的秀。麦昆研究了贝宁共和国、尼日尔和尼日利亚的约鲁巴人，就像很多撒哈拉以南非洲部族的文化一样，约鲁巴人信"伏都教"，他们崇拜祖先，相信人死后会进入灵魂世界。"Èsù"或"Eshu"，是一位土地崇拜的女神，代表着死亡使者，连接着众神（Orishas）——至上神、造物者奥罗都尔（Olodumare）的助手——和人类。来自贝宁的面具和偶像，正是毕加索名作《亚维农的少女》（Les Demoiselles d'Avignon，1907）的灵感来源，这幅画寓意着现代性与"纯粹"原始主义的交融；如今，麦昆的目光也投向了原始主义，并加入了殖民主义的内涵，并把这一切呈现在他的设计理念上：体积感。"我试着改变廓型。改变廓型就是改变人们对外表的看法。我所做的就是观察非洲原始部落，以及他们的穿着。他们的穿着有时候具有仪式感。这一系列的服装中体现出了大量的部落文化。"他解释道。[24]

← 爱德华时代西非女传教士风格的牛仔连衣裙，带有羊腿袖和亚力珊卓皇后式的高领设计；漂白和酸洗的牛仔效果为服装加入了现代感，而裙摆上的红色颜料代表着非洲的红土。

173

从一些20世纪早期的相片中可以看出，当时约鲁巴部族在仪式上使用的偶像穿着一层层精心装饰的布条，但约鲁巴部族女性的日常穿着却根源于19世纪的女装连衣裙：泡泡袖、夸张的腰部线条、曳地长裙。头发、皮肤、土地、皮毛、金属、木头，这些元素的混合就像是女传教士们的服装和约鲁巴人崇拜的偶像混合在一起。

这次发布会的举办地点是伦敦北部的一个电影工作室，T台上覆盖着灰色的页岩，并没有麦昆以往发布会现场那般的戏剧效果。纠正：这次的戏剧效果来自于反对皮草的抗议者，他们闯进了发布会现场，在舞台帷幕上涂抹口号，甚至试图在T台上安装饵雷。因此发布会开场比预计晚了1个小时，来宾和整个场地都被搜查了一遍，挥舞着标语的抗议者们被50个警察清出了场地。麦昆为纪梵希制作的服装使用的是农场动物的皮毛，至于他自己的品牌，根据他的团队的辩解，至今为止使用的都是食品业的副产品，外加一些兔子。在这一系列中，他用驯鹿皮制作的一件礼服外套，搭配一条裹身裙和一双鹿皮靴。此外还有被用来镶嵌装饰皮质连衣裙的兔毛皮和制作外套的小羊羔皮。

这一系列中包括了麦昆标志性的超低腰露臀裤、礼服外套、低腰裤，以及肖恩·利尼制作的以约鲁巴族图腾为灵感的尖刺形唇饰。总体看来，这一系列表达的是部族文化和殖民侵略之间的冲突。模特的头发上涂着的金粉闪闪发光，代表着西非富饶的金矿；妆容则是苍白而自然的。其中有一件值得载入史册的外套，是用黑色的人造毛发编织而成，看上去就像是真正的羔羊皮。此外还有一件带领无袖紧身连衣裙，上半身是将黄绿色串珠按照三维立体的方式联缀而成，像是一片浮动的热带雨林，闪烁着黄绿色的光芒；而连衣裙的下半身是一条棕黑色的马毛半裙，中间还系着一条马缰式的皮质腰带。

与这套造型呼应的是一条白纱连衣长裙，裙裾上涂满了来自非洲的红土，上半身的紧身胸衣则装饰着木质串珠。一条米黄色的单肩皮裙，采取了不对称的褶皱设计，裙口下露出箱式金属裙撑。裙身用激光刻出了螺旋形的羽毛图案，而剪裁的切口没有经过处理，体现出兽皮的特征。另一条灰色的皮质连衣裙穿在一位19世纪90年代风格的"吉布森女孩"（Gibson Girl）身上，腰部没有缝线，而及膝的裙撑让裙口的轮廓如同膨胀的气球，裙口上同样也装饰着红土。如果说"外面的世界很复杂"系列表现的是非洲南部动物群所遭受的都市文明的干扰，那么"伊舒"系列中的模特则不是野生动物，而是浪漫而无辜的原始部族人，生活在"伏都教"的世界里。当发布会结束时，抗议者们早已无影无踪。

← 米色皮质单肩连衣裙，激光镂刻出羽毛图案装饰，裙身采用了不对称设计，裙摆下露出了金属的箱式裙撑。

→ 跳羚皮夹克，羚羊腹部的皮构成了夹克的前襟，而羚羊的长毛则巧妙地强调了夹克的肩部。

沃 斯

Voss

2001 春夏

✳

2001 春夏"沃斯"系列是麦昆最令人难忘的发布会之一，注定是麦昆职业生涯中的一段传奇。这次发布会依然由美国运通赞助，而麦昆自己将这场秀形容为"腐朽（而）压抑"。他又一次巧妙地将秀款服装与舞台布景结合起来，营造出充足的气氛，同时还呈现出了比较商业化的造型和充满创新与巧思的剪裁。发布会于 2000 年 9 月 26 日在维多利亚巴士站举办，秀场正中央是根据乔 - 彼得·威金的画作《疗养院》（1983）所创作的装置艺术。肥胖的情色作家米歇尔·欧利头戴面具，赤裸着斜倚在长椅上——就像是威金画中的人物（见第 25 页）。她的嘴里含着一根医用呼吸管，身体被成百上千扑腾着翅膀的飞蛾所覆盖。这一系列取名"沃斯"[1]，就暗示了其采用的元素：这座挪威小镇是作为野生动物，特别是鸟类的栖息地闻名的。因此"沃斯"系列是对鸟类和自然的礼赞；同时，鉴于麦昆一贯的风格，这个系列又是一次挑衅。"我拥有他们最害怕的那种特质——肥胖。"欧利在她的日记中语带讥讽地写道。

　　但是这一惊人的场景在发布会的最后才会出现。当观众们进入秀场、找到座位坐下后，他们面对的 T 台却是一座巨大的、由玻璃搭建的密闭空间，就像在"远景"发布会中一样。但是这次使用的却是那种监控

---

1. 沃斯是挪威西南部重要的商业和交通枢纽，建于 1023 年。（译者注）

← 凯伦·艾尔森面对着观众，紧紧贴着"精神病院"的玻璃墙壁。头巾保证了模特的头发不会削弱妆容的效果，肖恩·利尼设计的银质荆棘状颈饰点缀着大溪地珍珠，架在模特的肩部。模特的外衣是用麦昆自己收藏的日本丝绸绣花屏风做成的，外套里面是一条华丽的连衣裙，上面缀着层层枪灰色的牡蛎壳。

室里使用的可以映出人影的玻璃。一小时后，发布会正式开始，每个人都被迫看着玻璃上自己的倒影，听着扩音器中传来的沉重的心跳和呼吸声。"哈！我开心极了。通过监视器，我能看到每个人都在竭力避免看自己的倒影。这在时尚界可是件了不起的事情——让他们不盯着自己看！天哪，我真是看了场诡异的发布会。"时装记者莎拉·莫温（Sarah Mower）说。[25]

那么，玻璃容器里有什么？鉴于麦昆在"女妖"（*Banshee*）系列中参考了北海巨妖的形象，这次更是一切皆有可能。晚上 8 点，100 000 兆瓦的灯光亮起，照亮了一个精神病院般的房间：地板上铺着老式白色瓷砖，四周是白色软垫墙。观众们仿佛是偷窥狂。他们可以看见房间里面，但模特们（打头的是凯特·莫丝）却看不见外面。模特们跌跌撞撞地走着台，失魂落魄，抓挠着玻璃幕墙。每个人的头上都缠着中世纪风格的头巾，勾勒出面部轮廓；她们的妆容塑造出一种极致的纯净，让人想起维米尔¹的代表作《戴珍珠耳环的少女》。

这一系列由 76 个分成不同主题的造型组成，不同的部分之间由秀款服装隔开。最先上场的是不对称设计连衣裙，一连串黑色褶裥看上去像是鸟类尾羽一般；每件衣服都饰有褶裥和细褶。浅粉、卡其和黑色西装搭配高腰七分西装裤则是麦昆经典设计的改良版。接着是一件极其商业化的黑色及膝无袖连衣裙，下摆采取圆弧形设计。紧接着，第 10 套造型登场——一件灰色的中国风格刺绣礼服外套，紧窄的袖子就像是一件紧身衣，"癫狂"的模特头戴一顶箱型头饰，上面悬垂着大量藤蔓。紧随其后的是 11 件商业化设计，其中有西装、漂白牛仔裤、衬衫和上半身如同一条领带的连衣裙。

突然，杰德·帕菲特（Jade Parfitt）出现了，她看上去就像是一个北欧变形人——一半像是女人，一半像是鸟，穿着一条鸵鸟羽毛裙子，头

1. 约翰内斯·维米尔（Johannes Vermeer, 163?—1675），荷兰优秀的风俗画家，"荷兰小画派"代表人物，代表作《戴珍珠耳环的少女》创作于约 1665 年。

← 连帽外套，前部较长并做成裹身设计，后部开叉，背上用丝线绣着一只飞翔的鹤。这件外套上系着粉色丝带，裤子是灰色的，头饰上悬垂着藤蔓

戴着由鹰隼标本组成的头饰。"这场发布会是关于自然和自然元素的。"麦昆对时尚记者苏珊娜·弗兰科说，"我用过贝壳、羽毛和珍珠。"[26]
之后是更多的西装，其中有一件绿色丝质雅各宾时期风格的外套，层层叠叠的驼鸟羽毛撑起了锥形的立体廓型；背后则是一副热成像的麦昆面

部画像，使这件仿古的衣服增添了现代感。在一系列裁剪精良的服装之后，艾琳·欧康娜穿着一条曳地长袍出场，上面像缀亮片一样缀满了蛏壳，这些都是从诺福克郡[1]的海滩上搜集来的。她在登台之后，用手把衣服上的蛏壳揉搓至脱落——就像一条蛇在蜕皮一般。还有一条搭配迷你裙的前后肩披风，肩部装饰着一座哥特城堡模型，而模特的腿部缠满了绷带。

麦昆的团队千辛万苦从诺福克搜集了 4000 个淡水蚌壳，模特们扮演的也是半人半蚌生物，缠绕着白布的脑袋就像是珍珠。麦昆还设计了一系列改良西装，其中有一件纨绔子弟式的高领外套，搭配了披肩和半裙。一件拉菲草编织的外套，用大红色和浅金色的绣着菊花，饰以黑色滚边；同系列中还有一条公主线偏襟连衣裙，背后是透明网纱，裙摆处缀满了黑色鸵鸟羽毛——显然，这会是一枚颓废风格的红毯重磅炸弹，穿在某位绝代佳人身上。

第 65 套造型曾被考虑过作为发布会上的压轴戏。这一身服装由凯伦·艾尔森展示，外套是用麦昆私藏的 19 世纪日本屏风做成的，里面是一层被涂上清漆的枪灰色牡蛎壳，在模特赤裸的肉体上闪闪发光。牡蛎壳之上佩戴着肖恩·利尼设计的银质树枝，点缀着灰色大溪地珍珠做成的"浆果"。这种没有叶子的植物，正是来自于沃斯的冻土平原。在此之后是另外 10 套造型，最后终于轮到了压轴作品：艾琳·欧康娜身穿一条大红色连衣裙，由菱形医用载玻片和被漆成红色的蛏壳串联而成的上半部分一直延伸到臀部（就像他设计的超低腰露臀裤也是为了拉长上半身线条一样），而裙摆则是红色和黑色的鸵鸟羽毛——这一身简直是麦昆招牌设计的集大成者。

欧康娜舞动着肢体退场，灯光熄灭，又再次亮起。这时，T 台中央棕色盒子的四壁打开，现出已经在里面等了两个小时的米歇尔·欧利（除了隔开装有蛾子的袋子，以及吹嘴里的管子），还放出了一群着实不小的蛾子。其他的一部分蛾子被粘在了欧利的身体上。她缓缓地摇摆着头

1. 诺福克郡，位于英格兰东北部，地势低洼，河流和湖泊密布。（译者注）

部。根据《观察者》的说法，这一幕就像来自《沉默的羔羊》[1]。还有一些人联想到了路西安·弗洛伊德所作的雷夫·波维瑞的肖像。麦昆之所以能根据威金的《疗养院》创作出真正属于自己的版本，关键就在于最后的动物元素——一群在时装T台上度过短暂一生的蛾子。

在"第13号"系列中，麦昆用时装来挑战美学标准。他设计的每一场秀都可以说是自传性的，这一位曾经被排挤、被称为"胖子"（那年12月的《星期日泰晤士报》曾下流地称他为"英国时尚界那头矮胖的大象，直到进行了吸脂手术"[27]。）设计师现在已经瘦下来了，并且正登上他权力的巅峰。"美丽的模特们在房间里走来走去，突然，这个不好看的女人出现了。通过这种传统意义上不被当作美丽的事物，是想表明真正的美是由内而外的。"[28]这显然是设计师在表明自我见解。

欧利穿上一条连身袍，穿越人群来到了群情激动的后台，和麦昆的父母一起站在那儿。"来看看这场发布会的大明星！"麦昆兴高采烈地说，然后给了她一个拥抱。他的妈妈告诉《女性时装日报》，她觉得这是麦昆有史以来最好的发布会；麦昆也对《独立报》说了同样的话。在那一季，麦昆在发布会上展示了比伦敦设计师比加利亚诺、迪奥、巴伦西亚加，甚至比他自己为纪梵希办发布会时更多的服装。他的野心显而易见：要把他自己的时装屋打造成时尚大牌。坊间已经流传出关于他会不会留在纪梵希的种种流言，而他在发布会后接受《女性时装日报》的采访时，对此的回答也模棱两可。时尚，是他想要追求的事业。"我意识到，当我想要做什么事的时候，我会付诸百分百的努力。如果我接受了这份工作，就会像对待自己的品牌一样对待它。在明年10月合约到期之前，我在纪梵希的工作肯定会越来越好，之后的事情我们以后再说。"[29]

1.《沉默的羔羊》是一部1991年的恐怖片，根据托马斯·哈里斯的同名小说改编而成，由乔纳森·戴米执导，朱迪·福斯特、安东尼·霍普金斯主演。（译者注）

旋 转 木 马

What a Merry-Go-Round

2001—2002 秋冬

✳

"旋转木马"系列是亚历山大·麦昆在伦敦的绝唱 —— 这是他最后一次在维多利亚区的巴士车站办发布会。这场发布会于 2001 年 2 月 22 日举办，也就是麦昆第三次被英国时装设计协会评为"年度设计师"两天以后。在这一系列中，麦昆表现得比较保守，因为他觉得自己之前已经用掉了太多的创意。如今的他正面临事业的新阶段："这个系列是总结性的，就像是暴风雨前的平静。"[30]

这个系列的名字并不代表着"嘉年华上的娱乐活动"，而是从《诺斯费拉图》（*Nosferatu*[1]）中获得灵感，探讨孩童的天真无邪与成年人的掠夺成性。设计师还借鉴了《飞天万能车》（*Chitty Chitty Bang Bang*[2]），影片中罗伯特·赫普曼（Robert Helpmann[3]）成功扮演了一名罪恶的儿童绑架犯。这部电影在麦昆出生的前一年上映，在他童年时就曾点燃他的想象力（赫普曼身穿哥特风格的维多利亚时代黑色西装，头戴破旧的黑色礼帽，这无疑大大具化了麦昆对于开膛手杰克形象的想象）。

1.《诺斯费拉图》，一部德国吸血鬼电影，拍摄于 1922 年，吸血鬼题材电影的经典之作。（译者注）
2.《飞天万能车》，1968 年音乐剧，讲述古怪发明家开着改装过的老爷车带着两个孩子度假的奇幻冒险故事。（译者注）
3. 罗伯特·赫尔普曼（1909—1986），澳大利亚舞蹈家、演员。代表作品有《亨利五世》《不十分好莱坞》《爱丽丝梦游仙境》等。（译者注）

← 在发布会最后一部分出场的是一批头戴小丑式假发、化着小丑妆容的模特。中间这位穿着黑色的斜裁连衣裙，脚后拖曳着一具金色的塑料骷髅，就像是一个可怕的女恶魔带着一个幽灵。

舞台布景的正中央是一座由 8 匹木马组成的旋转木马，木马被皮革覆盖着，秀场中的背景音乐是孩童的笑闹声。在这一系列中麦昆延续了之前的军装风格：卡其布衬衫和领带，饰有金色穗带的外套，灵感源于雅克·路易·大卫（Jacques Louis David[1]）设计的军队与公民制服；此外，他在黑色皮革上还涂了代表法国的红、白、蓝三色颜料。一件裹身式夹克延续了上一季的设计，而一条羽状裁剪半裙则是从"伊舒"系列发展来的。如同麦昆所说，这是一个回顾性的系列，其中还包括了一些商业化设计，比如说斜裁针织裙，以及一系列长短不一、或修身或宽松的不对称设计手工剪裁长裤。麦昆还在这一系列中强调了白色骷髅和交叉腿骨的图案，从此这就成为了该品牌最经典的标志。

发布会临近尾声时出场的一件黑色皮衣就像是《飞天万能车》中不存在的王国中人们所穿的制服。麦昆常常和 A. M. 汉森一起参观伦敦华莱士收藏馆，他很喜欢其中华托（Jean-Antoine Watteau[2]）作品《你想赢得女人心吗？》（*Voulez-vous triompher des Belles*，约 1716 年）中的小丑形象，于是他设计了黑色皮质连衣裙和长裤，装饰着小丑服装上那种绿色菱格花纹。"华托对我们的影响很大。"汉森说，"小丑戴着面具的脸看上去像是雷夫·波维瑞。"最后，会场中的灯光熄灭，然后再次亮起，舞台上堆满了儿童时代玩过的玩具，一个穿着黑色蕾丝的模特从幕布后走出，脸被画成了小丑，戴着三叉形的小丑假发（麦昆曾在去金基·格林基俱乐部玩的时候戴过这样的假发），脚后拖曳着一具金色的塑料骷髅走来走去。更多邪恶的"小丑女人"出现了，妆容一个比一个夸张。"小丑应该是惹人发笑的，"麦昆对《女性时装日报》说，"但这些不是。"对他来说，小丑们丑陋、恐怖："小丑就是躲在面具后的人。"

正常发布会的高潮出现在自由女神玛丽安娜出场的一刻，这一造型

1. 雅克·路易·大卫（1748—1825），法国大革命时期艺术家，新古典主义的开创者和奠基人，代表作《马拉之死》。（译者注）
2. 让 - 安东尼·华托（1684—1721），是法国 18 世纪洛可可艺术风格的重要画家。（译者注）

的灵感源自欧仁·德拉克洛瓦（Eugène Delacroix）的名画《自由引导人民》[1]（1830）；裸露的胸部覆盖着薄薄一层轻纱，银色的斜裁连衣裙凸显出她的身体曲线。这一形象可以说是麦昆心理状态的体现：其一，这就像是对法国 LVMH 集团作出的挑衅姿态（就像他对立野浩二说的那样，"去他妈的法国时尚！"）；其二，玛丽安娜在1848年法国大革命期间是自由的象征，而麦昆曾在1989年为卡麦隆-麦金托什（Cameron Mackintosh[2]）导演的歌剧《悲惨世界》制作过戏服。"就连请柬都是法国国旗的颜色！"他对《女性时装日报》开玩笑说，"我在设计的时候，总是会无意中把个人生活中的遭遇倾注进去。"[31]

伴随着朱丽·安德鲁丝（Julie Andrews）的歌曲《极乐满人间》[3]，麦昆出场致敬，还特意与微笑着的 Gucci 集团 CEO 多米尼克·德·索尔握手。尽管他摆出一副反对法国的姿态，但他在之后的职业生涯中依然留在了巴黎。

← 当地狱天使遇上模特：饰有麦昆标志性骷髅的头盔，边缘装饰着鸵鸟羽毛。几乎透明的紫色薄纱连衣裙同样是紫色的丝线绣着花。

1.《自由引导人民》法国浪漫主义画派画家欧仁·德拉克洛瓦（1798—1863）的代表作，这幅画是画家为纪念1830年法国七月革命而创作，于1874年被卢浮宫博物馆收藏。（译者注）
2. 卡麦隆-麦金托什（1946—　　），英国戏剧制作人。（译者注）
3. 朱丽·安德鲁丝（1935—　　），英国著名女演员、歌手兼作家，1965年主演音乐剧《音乐之声》。《极乐满人间》是她在剧中演唱的歌曲。（译者注）

↓　脖领处带有巨大穗状装饰的奶油色针织连体衣，搭配一条米色斜裁褶皱裙。

→　麦昆非常重视针织系列：这一条黑色针织连衣裙上饰有白色骷髅和交叉腿骨图案，而从左肩垂下的绳结和编织装饰，带有游侠般的感觉。

V

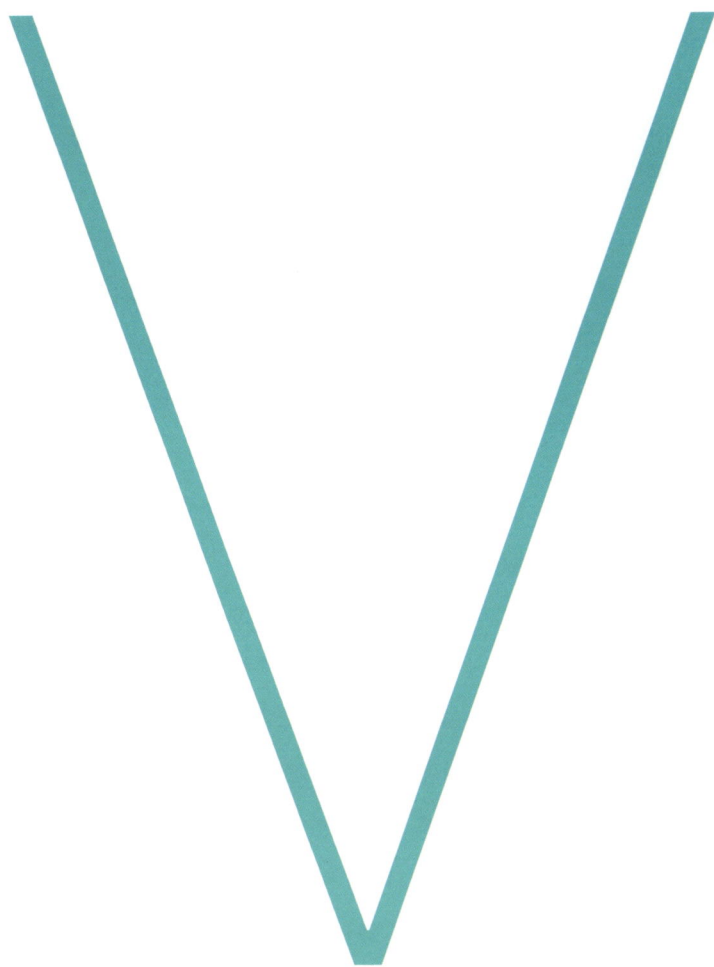

在 古 驰 的 日 子

麦昆的商业帝国已经初见规模：他是巴黎高级时装屋的设计大师，带领着团队举办顶级的发布会，他的生意每年总价值超过 100 万英镑，[1] 并且与摄影师理查德·艾弗顿和尼克·奈特保持着密切的合作——这一切都让他成为了一名意义远远超出时尚范畴的设计师。现在他的目光投向了零售业。他的计划是与商业伙伴恩瓦德一起在纽约和日本各开一家店。1999 年 10 月底，麦昆的第一家独立经营的店铺在康迪街（Conduit Street）47 号开业，距离他 12 年前在萨维尔巷安德森和谢泼德做学徒的地方只有一个街角，距离维维安·韦斯特伍德（她曾称他为"毫无才华"的标杆）的店三个店铺开外，就在山本耀司（麦昆很崇拜他）的店斜对面。"他在工作中很刻苦。"A. M. 汉森说，他参加了康迪街的开幕式，和其他朋友们一起站在店门外，"麦昆的名字被铭刻在了这条街上，我们都很自豪。"

这间 2000 平方英尺（186 平方米）的店铺展示着麦昆所有的作品，直到今天还只能在日本看到。建筑师阿兹曼·欧文斯（Azman Owens）把这桩乔治王朝风格的建筑改造成了未来主义风格的空间。"我不想要一件无聊的店铺，米色墙面，所有东西都挂在墙上。"李解释道，"我想让这家店有一点互动性。"橱窗里放着一个巨大的玻璃盒，装满了人造雪花，与麦昆的"全景"系列中那场巨大的暴风雪形成呼应；而在每一季发布会之后，橱窗陈设还会根据他的作品主题而改变。这个空间还起到画廊的作用。店里挂着奈特的两幅巨大肖像作品，内容是麦昆的"贞德（Joan）"系列，另一个盒子里则放着"No. 13"系列发布会上艾美·穆林斯用过的木头假肢。这样的陈设让顾客也能感受到服装发布会的主题。"我想把我那些时装秀上的理念也带进店堂，这样可以传达出每个系列服装的内涵和我的想法。我希望顾客能和这家店、这里的衣服形成互动。"[2]

经伊西·布罗的介绍，李一直在和新成立的奢侈品集团——古驰集团谈合作（1999 年 5 月，布罗在伦敦和古驰的新创意总监汤姆·福特吃了一顿饭）。1999 年被 PPR 收购之后，古驰集团拿到了 18 亿英镑可用投资。布罗对汤姆·福特说，他应该考虑聘请亚历山大·麦昆。据说，汤姆·福特回答她说，他一直很欣赏麦昆。随后，布罗打电话给了她的好朋友，建议他考虑加入这家 LVMH 集团的竞争对手。[3]

2000 年 6 月，麦昆在 *Vogue* 意大利版举办的位于蒙特卡罗的一次派对上看见了古驰集团的 CEO 多米尼克·德·索尔——"我走向他，心里想着一些关于古驰集团的打算。"在一次《福布斯》的采访中，德·索尔说，那次他们在告别之前，麦昆喊来了一个摄影师给他们俩拍了张合影。德·索尔问他这是要干什么，而麦昆回答："我要把这张照片寄给阿诺特。"德·索尔当时心里就认定，这就是我想要的那种人。[4]

在麦昆看来，Gucci 重视设计，而且还有坚实的批量生产线。相反，LVMH"对在线销售和化妆品公司更感兴趣"。[5]2000 年 12 月，麦昆的 Birdswan 公司和古驰集团达成了协议：古驰获得麦昆公司 51% 的股份，并为之投资 5400 万英镑，此外每一季付给麦昆 100 万英镑的工资。他自己保留了创意设计方面的全部权力和剩下的 49% 股份。古驰负责生产麦昆的女装线和男装线，扩大眼镜生产线和牛仔生产线，新增加香水生产线，并支持新开精品店。在 2001 年 2 月伦敦的发布会之后，麦昆面临着去米兰还是去巴黎的选择。"在这里（伦敦）把生意做大太难了。"麦昆说，他批评英国政府对于英国时尚产业的财政支持太少了（2001年 1 月，两届年度设计师的获得者侯塞因·卡拉扬破产了）。他的原话是，在伦敦能获得的支持太少了。[6]现在他有了机会可以做出一个全球化的品牌。2001 年 2 月，就在他发布 2001—2002 秋冬系列"旋转木马"的那天晚上，麦昆与古驰正式签约。

后 页 图 左 麦昆肖像，山姆·泰勒·伍德摄于 2003 年，刊载于《纽约时报》。照片中麦昆穿着一件完美的西服坐在伊甸园的宝座上，在他脚边是带着夏娃娃假发的裸体男孩和缠绕在一起的蛇。

后 页 图 右 《没穿靴子的猫》，女模特穿着一件来自 2002—2003 年秋冬的玛丽·安东尼式睡衣，这组照片的主题为神话。2002 年秋冬，《别册》（*Another*）杂志的中间插页，摄影为山姆·泰勒·伍德，创意指导为麦昆。

旋转公牛的舞步

The Dance of
the Twisted Bull

2002 春夏

✳

2001 年 10 月 6 日，麦昆自有品牌在巴黎举办了第一场发布会，名为"旋转公牛的舞步"，由美国运通公司赞助。他声称，自己不保证伦敦发布会的"戏剧性"——"我花了一整个夏天观察地中海地区的女人。我对于品牌来说有点陌生，所以需要熟悉一下。"这一季服装的主题显然很平淡，是关于年轻的西班牙女人在海边的度假时光，然而发布会的背景却是斗牛的视频。每一场发布会的主题都由设计师和他的团队在 4 个月前就规划好了，也就是说那是在"9·11"事件之前。因此，虽然悲剧发生在纽约时装周开始以后，但斗牛和斗牛士之间的搏斗其实与之没有丝毫关系。不过在那个时刻举办的麦昆发布会上，还是洋溢着悲伤的气氛。一阵红色的烟雾从舞台后弥漫开来，令人们触景生情。

在这一季，四大时装之都的设计师们都不约而同追求起柔软、浪漫、女性化与可爱的元素，而麦昆也不例外。在《国际先驱者报》的一次采访中，他把这一系列服装形容为"极其女性化而不老气，性感、热辣却不那么紧身"。[7] 麦昆从不制造"可爱"。那场发布会尖锐而现代，在

← 麦昆自己的品牌在巴黎的第一场发布会上展示的作品。模特劳拉·摩根（Laura Morgan）被两支长矛刺穿，象征着被爱杀死的"公牛"。在模特们走秀的同时播放的视频，是一次斗牛表演和情色视频。这一系列中出现了对角剪裁的裙子，带着半圆形的裙边和裙裙，这些曲线的运用是麦昆在向自己崇拜的建筑师高迪致敬。

身体上大片镂空的运动装的灵感来自于西班牙建筑师高迪，而传统的西班牙服装的灵感则来自于弗拉明戈舞蹈，还有由斗牛士制服改造而成的、带有肩甲和串珠装饰的窄臀女装。

模特们的发型像是情色杂志中的美女海报、蓬头垢面的摇滚乐手和在夜店里浓妆艳抹的流莺的混合体；颜色则是戈雅笔下沙子的金黄和米色、灰色、白色和黑色。在两套抹胸连体衣中，呈现出一种微妙的 18 世纪风格，只是胸衣被换成了裤子和撕毁的袖子。腰线低到臀部的分层式的褶皱裙装、双层短裙、纯白的紧身胸衣搭配白色的半截裤、带着半圆形褶皱的夜总会风格波点连衣裙，这些都令人耳目一新。最引人注目的作品是模特劳拉·摩根（Laura Morgan）身上那件弗拉明戈风格的波点连衣裙，模特被两支长矛刺穿，而裙裾则延伸出去，模仿热带鸟类的尾羽。在她出场的时候，她身后屏幕上呈现出性爱的场面。这一幕令人回想起 1990 年麦昆送给卡门·阿蒂加斯的那幅画，画上正是一条被箭射穿的美人鱼（见第 30 页）。他还做了一件侧边有花边、带点情色意味的单排扣西装，以及一条黑色丝绸和羊毛质地的低裆灯笼裤，这是他从德·阿尔塞加的《裁缝样书》中得到的灵感。

所有的模特看起来都像是刚从床上爬起来，穿上了隔夜的衣服。"我脑海中浮现出这位女士的样子，以及那些她想穿着去酒吧的性感的系带衣服。我并不重要，重要的是想要买这些衣服的人。我要用商业的头脑去思考。"麦昆在一次采访中说，"作为一场麦昆的秀，这场秀有点太简单了。但是我喜欢在发挥出真实本领之前先小小地尝试一下。下一次我就要发挥真实本领了。" [8]

→ 伊莎贝拉·布罗穿着麦昆设计的奶油色紧身鸡尾酒裙，带着菲利普·崔西设计的帽子。热娜为 Liberty 百货摄于 2005 年。

那时候，已经有不少名流成为了麦昆的客户，他们中有格温尼斯·帕特洛和丽芙·泰勒，后者还穿着一套 McQueen 走上了电影《指环王：魔戒再现》在伦敦首映的红地毯（2001 年 12 月 11 日）：一套红色的束腰西服，包括一件内有系带的夹克、一条超低腰裤和一件红色的无袖上衣。泰勒第一次为《指环王》走红地毯的造型，由麦昆本人为她特别定做和试穿。乔安·柯林斯（Joan Collins[1]）也是麦昆的粉丝，她说她认为伊夫·圣·洛朗是"最好的剪裁师，但麦昆的剪裁比所有人都好"。[9]"我想成为某种廓形或是剪裁方式的集大成者，这样当我死了以后，人们会把我看作是 21 世纪的代言人。"麦昆在 2002 年春夏系列发布会时这样说。[10]

伊莎贝拉·布罗在准备伦敦设计博物馆的展览"当菲利普遇见伊莎贝拉"（When Philip Met Isabella, 2002）时接受了《观察者》（Observer）的采访，她描述了接受麦昆的试衣服务的体验。她在采访中谈论的主要是她和菲利普·崔西的故事：他制作的帽子对她来说是一种艺术品。但她与麦昆的亲密友情也在这篇报道中显露无遗："我有一次找麦昆试了件舞会裙子，过程中他几乎失控，就像开膛手杰克似的。试衣过程就像这样，'转身，你这个愚蠢的 × × ×，往这边来，后退！'你还能听见他像猪一样喷鼻子，感觉就像是萨德侯爵和他的随从们在给你试衣服一样，因为你能听见许多动物的声音（《索多玛 120 天》中的人群被称为'动物园'）。"[11]

然而，布罗介绍麦昆去古驰集团所带来的后果，以及随后出现的资金短缺，却是令人烦恼的。在布罗看来，她和麦昆是"家人"，但是她还确定围绕着麦昆的亲密团队（也是他的"家人"）觉得她很烦人。她相信他利用他的衣服 —— 她很渴望得到但他却不一定想给 —— 作为控制她、操纵她的手段，麦昆也许会对布罗向一家全国性媒体所发出的宣

1.乔安·柯林斯（1933—　），英国女演员、作家，代表作《红丝绒秋千架上的女孩》（1955）。（译者注）

言感到很不快："他现在成了大富豪，但他把这一事实掩藏得很好。他的窝里东西堆得满满的，到处都是钱。"悲剧的是，布罗对于金钱的渴望越来越炽烈，或者说她觉得自己越来越缺钱——同时她也觉得那些她曾经帮助过的人是那样的不知感恩。

麦昆最吸引我的一点是，

他能从过去的历史中汲取灵感，

再把它们以全新的面貌用在自己的剪裁中，

呈现在当代的语义环境下。

他的剪裁方式复杂而严肃，

这让他的作品非常摩登。

★

伊莎贝拉·布罗

奇思妙想

✳

麦昆的下一场秀于 2002 年 3 月 8 日在巴黎古监狱举行，法国的最后一位皇后玛丽·安托瓦内特在 1973 年被执行死刑之前，就是被囚禁在这里度过了她最后的悲惨岁月。在监狱里穹顶和柱子的背景下，这一系列服装呈现出童话、法国皇后（外号"赤字夫人"，她对时尚的迷恋导致了她悲剧的结局）、青春期女生色情作品和来自于电影《发条橙》(*Clockwork Orange*，1971）中小流氓们戴的帽子。在一个平台上的笼子里还关着带有野狼血统的狗，不停地踱来踱去。

这场秀的开场造型是"小紫帽"，身后跟着两条"大灰狼"走过 T 台，模特身穿一条 18 世纪风格的皮质带兜帽双层披风，上面用激光做出了蕾丝纹样。把一切推向高潮的时刻，是在电影导演蒂姆·伯顿（Tim Burton）的灯光下，设计师让模特们头戴"沃斯"系列中瓜皮帽的黑色新版本上台，再加上更宽阔的叠肩设计，构成了一套典型的麦昆造型。"天知道多少年来我不停地产生新想法，现在我想把这些想法实现得更准确，比如西装的廓形或是肩部的线条。我想让它们彻底属于我。"麦昆对《女性时装日报》说。[12] 在这一季服装中，他带来了完美修身的流线型西装，颠覆性地装饰着皮质绑带和腰带，以及皮质紧身胸衣、带有情色意味的

← 巴西超模玛赛拉·碧塔（Marcelle Bittar）穿着带有皮质绑带的粗花呢套装。这一系列时装中实验性地出现了定制风格的晚礼服，同时也有很商业化的丹宁系列。

皮袄。除此之外，还有极其漂亮、极其女性化的粗花呢或皮质的西装衣裤套装：这简直是麦昆重新演绎的伊夫·圣·洛朗著名的"吸烟装"。

这场秀可以说是在向玛丽·安托瓦内特最爱的肖像画家伊丽莎白·维热·勒布伦（Elisabeth Vigee Lebrun）致敬，在这位女画家的作品中，玛丽王后穿着那身臭名昭著的透明平纹细布的宽松睡裙。麦昆也从此得到灵感，设计了那些真丝薄绸的胸衣、牛血红薄纱连衣裙和整个系列中反复出现的皮革制品。与这些窄轮廓服装形成鲜明对比的，是丹宁长裙和牛仔裤，侧边装饰的蕾丝可以追溯到"旋转公牛的舞步"系列。之后出现的模特像是从圣三一女校走出来的女学生——蓬乱的头发上戴着《发条橙》中的帽子，纽约娃娃（New York Dolls）式的妆容，穿着运动衫、短裤、及膝百褶裙和超紧身银色皮质超低腰露臀裤。紧接着，T台风格随之一变，齐腰大摆外套出现了。模特们穿得像是法国督政府期间奇装异服的年轻人，或是戴着面具的拦路强盗，其中一人穿着传奇女公爵路易莎·卡萨提（Luisa Casati[1]）式的斗篷和超低腰露臀裤。而最具有麦昆风格的一笔——紧身连衣裙，以及随风鼓荡的褶皱下摆——出现在最后一组造型中：一件玛丽·安托瓦内特式的漆黑晚礼服，带着紧身胸衣和斜裁的嵌杂色条纹。麦昆的这一系列灵感来自于时装历史上最光辉灿烂的一段，但他从没打算把衣服做成"戏服"。他巧妙运用各种面料和剪裁技巧，把自己的灵感幻化为了充满现代感的时装。对于Alexander McQueen这个正在拓展市场的品牌来说，既有"宣言"式能代表设计师风格的时装，又有更传统、因此适合商业化的产品，这再理想不过了。

麦昆认为开设旗舰店可以让公众了解他的理念，也可以拓展市场："我从来不乏追随者，但没有人耐心去理解我完整的意思。如果你不能听完完整的故事，就不能真正地理解我。"2002年8月，他在东京开了

---

1. 路易莎·卡萨提（1881—1957），20世纪最著名的怪癖美女，意大利最著名的贵族。她最著名的形象是牵着一头金钱豹漫步威尼斯街头。（译者注）

一家新店，紧接着又在纽约时髦的肉品包装区（Meatpacking District）的西14大街419号开了另一家。这家店由建筑师威廉·拉塞尔（William Russell）设计，上有弧形穹顶，下有灰砖铺地，到处都点缀着大溪地牡蛎壳和各种雕像。店里还有很多陈列配饰的小房间，让这里的购物体验就像是一次探索的旅程。麦昆说，他想要的效果是"虚无缥缈"的，就像是走进了一家教堂："没有太多的设计理念，只是想让人感到宁静。"[13]

麦昆的全部设计作品从120件增加到了600件。多米尼克·德·索尔告诉 *Vogue*，麦昆来到古驰集团后第一个时装系列的销量就上升了400%。对于2002—2003年秋冬系列的需求"突然猛增"，德·索尔大大赞扬了这次"创意与商业的结合。销量最大的是玛丽·安托瓦内特式的连衣裙、带有皮革绑带的西装和束胸式夹克"。[14]德·索尔说，麦昆有着"伟大的才华、强烈的情感，以及最重要的，对于这门生意的全面理解"。

↑ 这条雪纺连衣裙由紧身胸衣和流动的裙摆组成，灵感来自栖息在圭亚那的红色金刚鹦鹉的羽毛。右边模特身穿的修身夹克，是根据一种伊丽莎白时期带有环状领和裙边装饰的男性紧身上衣创作的，内搭裙子的颜色取自蓝色和黄色金刚鹦鹉。

树　鸭

Irere

2003 春夏

✳

2003 年 10 月 4 日在巴黎举行的"树鸭"系列发布会，水依然是设计师灵感的来源，并继续出现在秀场上。麦昆很喜欢在度假时去马尔代夫等热带岛屿潜水。在 2002 年一次 *Vogue* 的拍摄中，他情不自禁地跳进了一大池透明的水中。他告诉 *Vogue* 的时尚专题总监哈利特·奎克（Harriet Quick）："在水中，我感觉更宁静。"[15] 在此之前，水让他的秀场更加流畅，而这次这位水陆两栖的设计师请约翰·梅布瑞（John Maybury[1]）制作了一部影片，让水成为了整场发布会壮丽的背景。

　　这位导演的风格同样扎根于 20 世纪 80 年代伦敦充满创意的同性恋亚文化，曾经为歌手妮娜·切瑞（Neneh Cherry）和辛妮·欧康纳拍摄过著名的 MV，以及一部叫作《情迷画色》（*Love is the Devil*）（1998）的影片，也为伦敦设计品牌安东尼·普莱斯和身体地图拍过发布会。麦昆也许对《女性时装日报》说过，他决定不再使用颠覆的同性恋文化元素了，但根据他的理念和作品，事实似乎不是这样的。发布会上的影片把这系列服装分成了三部分：第二部分是关于一个 16 世纪的沉船事故中的女孩——以及一个看上去像是世界上最美的男孩（他沉入水中，

---

1. 约翰·梅布瑞（1958—　）英国编剧、导演，代表作电视剧《罗马》和电影《爱的边缘》。（译者注）

←　凯伦·艾尔森穿着黑色雕花连体衣，鼻子上戴着透明面罩。一段约翰·梅布瑞制作的影片贯穿全场，其中的叙事成为发布会的背景声。这一套造型属于身穿黑衣的西班牙女侵略者，她们被丛林深深地吸引，并在自然中发生了改变。

来到她身边）——游向南美洲圭亚那的岸边。她住在热带雨林中，直到穿着不祥的黑色新浪漫主义服装的西班牙殖民者入侵。影片的最后，她逃离了这些殖民者，身穿着原住民的羽毛服装，象征着她最终获得了热带鸟类的纯真和自由。

在第一个模特出场之前，观众们看见短片中一个女孩身穿着后来举世闻名的"沉船装"沉入水中，雪纺的裙摆就像水母的软足一样在水中漂浮。"树鸭（Irere）"这个词来自于"jerere"，这是美国印第安人对鸭子，特别是苏里南白脸树鸭的称呼。麦昆将这整个系列的主题都围绕着绿色的亚马逊热带雨林，以及雨林中充满异域风情的色彩、红色的金刚鹦鹉羽毛和当地部族土著的服饰。

开场 20 套造型的海盗主题，源自英国著名冒险家沃尔特·雷利爵士在 1595 年探索圭亚那寻找金矿的故事。在充满艺术气息的层层雪纺外的束带和胸衣、带着粉色肩翼的伊丽莎白时期风格皮袖和无袖短上衣，以及皮质迷你裙、带有饰扣的短上衣、皮质宽腰带和不对称裁剪的马裤。还有一件精彩的大衣，饰有一条和麦昆身上刺青图案一样的锦鲤。在麦昆过去的作品中，很多都是在束胸外搭配层层叠叠、飘逸的雪纺，这样的设计发展为了他的第一件"牡蛎裙"，那是一条单肩的不对称连衣裙，超过 200 码（182.88 米）牛奶咖啡色的雪纺被裁剪成层层圆环围绕着裙体，看上去就像一只充满褶皱的牡蛎。

接下来的 18 套黑色的作品有着类似的剪裁和廓形，面具般的黑色妆容与短片中西班牙侵略者的幽闭恐惧症形成呼应，模特身穿一条饰有黑色蕾丝的雕花皮裙，戴着羽毛耳环。最后的 18 套造型是充满了生机勃勃的部落风情，而影片中也正在播放着绿色而炎热的雨林场景，食肉动物在其中捕食。"树鸭"是一个关于失去与寻找的故事。大自然才是拯救者：在水中浮动的裙子上面一印满了花，猩红色的、大红色的、蓝色的、金色的和钻蓝色的金刚鹦鹉羽毛，明黄色撞电光绿的连体衣，布满褶皱、如同花环般的围巾，一条美艳的羽毛头巾，一顶菲利普·崔西根据圭亚那 Wai-Wai 族人庆典时所戴头饰设计的帽子，以及一条彩虹色的"牡蛎裙"。这一季服饰最主要的趋势就是色彩，巴黎世家带来了凸显身材的版型，以及热带鱼类印花；约翰·山姆·泰勒·伍德的作品是生机勃勃的（也许有点过头）异域风情——日本和印度文化，金银丝编制的花环。无论巴黎世家的尼古拉斯·盖斯奇埃尔（Nicolas Ghesquiere）还是加利亚诺，都没有触及灵魂深处。而麦昆所做的，是探索他自己生活最私密的一面。麦昆会去潜水，去和鲨鱼一起游泳，以此来远离人类，他会阅读《国家地理》杂志，翻烂历史书籍——他以一种惊人的掌控力，与全英国最容易擦枪走火的导演合作出了如此对比鲜明又如此浑然天成的一场发布会。麦昆可以"做到"掌控这些，做得比任何人都好。

现在的问题是，麦昆的每次发布会都在提高人们对下一次发布会的期望值。"如果人们觉得上一次发布会不够震撼，那他们就该看下一场。"在他举办 2002 年秋冬"扫描仪"系列发布会的前夜，他对《泰晤士报》打趣道。可以肯定的一点是，他的作品不再粗糙，反而越发精致和完整，但麦昆的世界很少像这样充满失望。《泰晤士报》的丽萨·阿姆斯特朗（Lisa Armstrong）认为这部分源于作为麦昆身上那个生意人和那个几年前就能震撼住看秀观众的固执男孩之间的紧张关系。现在他每次参加采访都要带着公关阿米·维顿（Amie Witton），因为她要管住"多嘴"麦昆的嘴。3 月 17 日，也就是麦昆的生日，新的 Alexander McQueen 专卖店就要在伦敦最有型的奢侈品一条街邦德街开幕，在此 5 天之后又是他的新秀发布，所以此时麦昆的注意力都集中在如何成为一个建立国际大品牌的年轻英国设计师上面。他把自己的"海神波塞冬"安娜贝尔·尼尔森、达芙妮·吉尼斯、普兰姆·赛克斯和伊莎贝拉·布罗打扮成了布罗口中的"美人鱼"，但并不是每个人都能得到被麦昆打扮的荣耀。乌丽卡·琼森（Ulrika Jonsson[1]）穿着一件"树鸭"里的裙子，"他立刻拉长了脸，'她不是从我们这里得到衣服的（意味着并不是通过麦昆的媒体办公室为了宣传推广而借出去的）'顾客们呢？'带上他们吧。'"

1. 乌丽卡·琼森（1967—   ），瑞典女演员。（译者注）

在建立一个全球性品牌的同时，麦昆依然保持了设计的完整性。"这从来不是钱的事情。如果我不能保持诚实，那我就不会去做这些。"[16]

↓ 黑白格百褶连衣裙，内搭黑色皮质胸衣，以及菲利普·崔西设计饰有羽毛的黑白格苏格兰船型便帽。

→ 模特纳塔利娅·沃佳诺娃（Natalia Vodianova）穿着红色绑带上衣，红黑色和服式刺绣领短上衣，绿色夹棉裙子，红色绑带靴子，和一顶菲利普·崔西设计的羽毛帽子。

扫描仪

Scanners

✳

如果"树鸭"是带有赤道雨林气息的春夏系列,那么"扫描仪"系列就完全相反,来自于冰天雪地北欧冻土地带。这场寒风刺骨的发布会开始于挪威人称之为"暗黑之域"的地方,一路向东到达"日出之地"(日本)。第一位出场的模特阿迪娜·弗林(Adina Fohlin)穿着狐狸皮毛制作的萨摩耶似的外套,头发高高盘成发髻,并被喷涂成猩红色;而最后一位出场的模特是富永爱,赤身裸体(除了一条男士遮裆布)穿着一件隆重的婚礼和服,站在一条人造的塑胶风洞里,面对着巨大的气流和人造雪花,看上去就像是古希腊雕像"萨莫特拉斯的胜利女神"。

这场秀于 2003 年 3 月 8 日举办。"我希望营造出一种在冻土平原上流浪的感觉。"麦昆说,"那是一片巨大、荒凉的土地,因此一切都聚焦在我的作品上。"这些作品是典型的麦昆风格:宽肩、A 字长裙、高腰线、紧身连体衣、多层设计、皮革和剪裁。"树鸭"系列中出现过的来自热带的红色被继续采用,添加进了丰富的东方锦缎花纹。纪梵希时期的和服风格礼服在这里得到了延续,同时增添了明显的军装感:卡其绿、黑白或红白色格子、苏格兰高地军团头戴的船型便帽。在人造风洞中出现的第二个模特还是阿迪娜·弗林,她身穿镶嵌黑色皮革的黑白格子连体衣,身后背着一只巨大的被风鼓满的降落伞。这一系列服装的材质跨度很大,从没有染色的黄麻纤维制成、绣着牡丹花的斜裁连衣裙,到点缀着雪纺褶皱的球形外套,以及一系列(具有争议的)用狐皮和貂皮制成的、印上猞猁花纹的外套和夹克。[17]

日本武士的气息被融入了硬壳连衣裙，在挪威雪花图案针织衫后出现的，是和式风情的刺绣图案。两条定制的苏格兰羊毛裙堪称是裁剪的样板。发布会上最感人的时刻是麦昆将伊西·布罗（Issy Blow）幻化为T台上这支探险队伍中的一个异域人物，用两套造型向她致敬：一顶由菲利普·崔西设计的黑色尖顶帽子，周围饰有一圈长矛形羽毛，是根据伊西在登上《纽约客》2001年3月刊时戴的那顶改造而成。此外还有还有一顶帽子原型是崔西设计的教皇帽，伊西戴着这顶帽子和麦昆在一起拍摄了一组肖像，登上了1997年3月号的《名利场》，摄影师是大卫·拉切贝尔（David Lachapelle），麦昆这次为这顶帽子增添了藏式刺绣。

↑　镶嵌闪片皮毛滚边的塑胶马甲，内搭黑色绑带上衣，北欧风格绿色和金色刺绣裙子，黑色铆钉靴子

↑ 阿迪娜·弗林站在 T 台上方凤洞的出口，身后的降落伞外套迎风飘展。

麦昆在发布会结束时雷鸣般的掌声中出场鞠躬致意，看上去精神、消瘦、金发飘飘，就像是英格兰"瘦白公爵"（David Bowie 的昵称）。根据《卫报》的报道，当时英国设计师已经主宰了巴黎：约翰·加利亚诺、史黛拉·麦卡特尼（Stella McCartney）和维维安·韦斯特伍德。"扫描仪"系列展现出了"每一场（麦昆）的发布会中都有的那种先进理念，以及对于时装本身细节的重视"。[18] 麦昆说："我做这些复杂的衣服是为

我希望营造出一种
在冻土平原上流浪的感觉。

★

亚历山大·麦昆

了鞭策我自己。我必须让自己时刻处在最前沿。"但这样做的不便之处在于，这就像对发布会上的几百号人公开自己的私生活，而他们中的大多数都不配知道这么多。"我问自己，这值得吗？我感觉自己被滥用了，是的，但那就是我。我只会这样做。"[19]

嘉奖一览

2003 年 6 月 2 日，美国时尚设计师协会（CFDA）为麦昆颁发了"最佳国际设计师奖"。在 CFDA 的宣传册里，凯特·莫丝把他形容为"无政府主义者，有趣，瘦，具有争议，朋友，忠诚，有感召力，革命性的，黑暗，一往无前"[20]。他的发布会上那些美妙的衣服是他才华的体现，也表明出他拥有一批热爱高级时装的顾客。那些定位于零售的系列，则由非常商业的日间连衣裙、套装、晚礼服和配饰构成，价格从 289 美元的女式衬衫到 10895 美元的晚礼服。麦昆也满足了美国女性较为商业化而不那么重视创意的时尚偏好。在获奖后，他在纽约专卖店举办了一场新品发布会，然后接到了 120 万美元购买"扫描仪"系列时装的订单。

接下来麦昆又得到了更大的荣誉——CBE 勋章（大英帝国最优秀勋章），名列 6 月 16 日英国女王诞辰节公布的荣誉名单。当时的英国时尚设计协会会长尼古拉斯·科尔里奇（Nicholas Coleridge）对麦昆大为赞赏，把他比作在 1965 年获颁大英帝国勋章的甲壳虫乐队，而且"很可能影响力比他们还要更大"。在一次正式的发言中，麦昆说："我很荣幸获得这项荣誉。我现在要正式敦促英国政府做一些符合颁发这项荣誉初衷的事情，那就是多投资在时装制造业和发掘新人方面——这是英国时尚产业的根本。"麦昆很崇拜"无政府主义者"伊丽莎白一世，他一开始还在犹豫要不要接受这枚勋章，因为这枚勋章所代表的是汉诺威选帝侯的继位、苏格兰独立战争和现状，但还是参加了 10 月举行的授勋仪式，"我为了父母而接受它。"他说。他穿着自家的苏格兰花呢服装和苏格兰百褶短裙，佩带着苏格兰人的毛皮袋，头戴装饰有俗艳猎鹰羽毛的苏格兰船型便帽，站在白金汉宫的人群中。其他的获奖者一幅"看着我，面带一种'你他妈的是谁呀？你就是一个穿着苏格兰格子裙的野蛮人'的表情"。[21] 当然，女王要比这些人教养好得多。就像一见钟情，麦昆说，他们俩都闭上眼睛哈哈大笑起来。"你做时装设计师多久了？"她问道。"有些年头了，女王陛下。"之后，获奖者们在伦敦克拉里奇（Claridges）酒店与家人和密友共进了午餐。那年 11 月，麦昆第四次被评为年度设计师。"我总是想着要尽可能地革新、原创和新鲜，我想，如果我赢得了这样的荣誉，就意味着也许我做到了。"他在获奖感言中谦虚地表示。当时他正在米兰开设那里的第一家 Alexander McQueen 专卖店，这番话由卫星转播到颁奖现场。

他赋予女性力量，

但同时也让她们柔弱易碎。

人们以前总是说他有"厌女症"，

但是与他相处一阵子之后，

我意识到他让女性充满力量，

而不是厌恶女性。

★

凯特·莫丝（Kate Moss）

↑　凯特·莫丝和麦昆的合影，马克·哈里森（Mark Harrison）摄于 2004 年。那一年，麦昆被伊丽莎白二世授予了大英帝国勋章。

解 脱

Deliverance

2004 春夏

✳

从广泛层面上来说，麦昆的影响力并没有甲壳虫乐队那么大，但是在时尚界，他已经鼎鼎大名。麦昆的童年生活并不顺利，他也许曾经暗自希望能像每天观察的那些隼一样自由翱翔。现在他的状况却比那时候更糟糕。"我生活在一个玻璃盒里。"他说。[22]

这场发布会在巴黎古老的华格郎音乐厅（Salle Wagram）举办，"解脱"这个名字很抽象，而发布会的内容却极具表现力。发布会的灵感来自于美国导演西德尼·波拉克的电影《射马记》（*They Shoot Horses Don't They?*, 1969），影片讲述了百对选手参加马拉松式舞蹈大赛的经过，而这场秀的编舞则是苏格兰舞蹈家迈克尔·克拉克。整场秀分为 3 个部分，展现出麦昆的全新风格，特别是 20 世纪 30 年代风格的金银丝织斜裁晚礼服，礼服上遍布刺绣和亮片，这种充满诱惑的风格看上去更像是约翰·加利亚诺。这场秀讲述的剧情发生在大萧条时代，朴素的彼得潘领连衣裙，拼接外套，公主缎睡衣，以及亮片紧身裤。此外还有各种运动装束：亮光粉的运动鞋。牛仔短裙和牛仔裤。模特们需要在 T 台上跳舞，因此没有出现紧身的剪裁。麦昆前几季发布会中的一些元素也再次出现：一条缀有水钻的斜裁连衣裙和蕾丝褶皱装饰的低腰裤来自"旋转公牛的舞步"，一条雪纺的玛丽·安东尼式宽松上衣来自"奇思妙想

← 这场秀重现了《射马记》中的马拉松式舞蹈大赛，而在舞蹈快结束时，模特莉莉·唐纳森（Lily Donaldson）倒在了地板上。这是麦昆少有的几次以 20 世纪 30 年代作为发布会主题。模特身穿一件 T 恤，外搭蜜桃色的缎面胸衣和雪纺裙。

（Supercalifragilistic-Expialidocious）"，黑色雪纺连体衣和苔绿色马裤则脱胎于"树鸭（Irere）"系列中的作品。麦昆全新的男装展示部分，灵感之源是法国情色作家、诗人兼剧作家让·热内（Jean Genet[1]）。他的作品《雾港水手》中的水手、《鲜花圣母》中的妓女和皮条客纷纷在发布会上亮相。《鲜花圣母》中洋溢着的腐败之感也在T台上尽显无遗：一场变装舞会正在巴黎举行，人们在舞池的地板上撕碎了一件二手外套。

前 页 图　整场秀结尾时模特们集体出场。这个场景展现了麦昆所设计女装的多样性，从运动装到高级服装。男模们穿着麦昆的男装线作品。

↓　模特们作出蓄势待发的样子。中间的模特穿着粉色和绿色的雪纺运动印花抹胸裙，内搭粉色绣花薄纱连体衣；远处左边的模特穿着镶嵌施华洛世奇水晶的薄纱绣花连体衣，以及装饰水钻和水晶花朵的银色绑带皮鞋。这两套时装都可以订做。

1. 让·热内（1910—1986），同性恋者，法国当代著名小说家、剧作家、诗人、评论家、社会活动家。热内早年曾是流浪者，还曾因偷盗罪被捕，后来转而从事写作。著有小说《布雷斯特之争》《小偷日记》《鲜花圣母》，戏剧《严加监视》《阳台》《黑奴》《屏风》等。（译者注）

莱斯·柴尔德（Les Child）是英国最杰出的舞蹈家和编舞师之一。他与迈克尔·克拉克一起为麦昆的"解脱"系列编舞，与麦昆在"游戏而已（It's Only a Game）"中也有合作。

"这场秀主要是要阐释李最爱的电影之一 —— 西德尼·波拉克的《射马记》（1969），这部影片讲的是大萧条时代美国的马拉松式舞蹈大赛。李说，他想用某种方式把这部电影用到他的作品中。

试演是在 2003 年 9 月 21 日，汉普斯顿市政厅。这是一场阵容庞大的演出，我们挑选了 20 个舞者，大多数都是跳现代舞出身，少数几个是跳芭蕾的。我们想找到一个专业人士能帮我们编舞，并且为我们吸引来舞者。我记得那次排演很不寻常，麦昆的团队总是在我们需要的时候提供大量的鞋子。他们对试演和排练的流程并不熟悉，我们需要的是舞蹈表演，可情形有些混乱。
李看见过我为迈克尔·克拉克跳舞，当时我穿着女人的衣服，并且需要在舞鞋外面套上长筒袜，并保持腿部线条流畅。于是我剪掉了袜子的足尖和足跟部分，让它们看上去像是马镫革带那样。后来这个创意也出现在了 T 台上，成为了一双剪掉足尖部分的亮片紧身裤。

在巴黎，我们只有一周的时间准备这场秀，每个模特都配备了一名舞者。我们没有时间休息。那实在太疯狂了，我必须让模特们都记住舞步。很多模特都很紧张，因为他们从来没有在 T 台上跳舞。但另一些模特则很积极，比如凯伦·艾尔森就很棒，全身心投入。莉丽·科尔（Lily Cole[1]）也在，那还是她走的第二场秀。让模特们跳舞有个弊端，她们实在不习惯。跳舞的男孩儿们全程引导着她们，所以模特对 T 台失去了掌控。这是一件富有挑战性的事情，每个人都有种要跳舞至死的感觉。

我们把正常发布会分成三部分来演绎影片的内容。开场是舞者们在一个 20 世纪 30 年代的舞厅里跳舞，舞蹈中的旋转动作可以很好地展示时装，就像是真正的走 T 台一样，但同时他们还要跳狐步，就像在舞厅里跳舞。之后就是舞蹈马拉松部分，第三部分是'决赛选手'，一个人一个人地出场，作出疲惫不堪的样子。这是一场时装发布会，同时也是一场表演。收获的反响是惊人的，观众们在谢幕后站起身来尖叫，说他们从来没有看过这样的表演。迈克尔和李最后都现身鞠躬谢幕。"

* 莱斯·柴尔德（Les Child）

后 页 图 这是一张向美国女演员珍·哈露（Jean Harlow）致敬的摄影作品，乌玛·瑟曼身穿的胸口打结的珊瑚色绸缎袍子和同色驼鸟毛斗篷，都来自于"解脱"系列。路凡·亚范纳多（Ruven Afanador）摄于 2003 年纽约。

---

1. 莉丽·科尔是英国有名的娃娃脸超模，被誉为模特界的洛丽塔。（译者注）

莱昆的神殿

Pantheon as Lecum

2 0 0 4 — 2 0 0 5 秋 冬

※

2003 年 11 月 4 日，多米尼克·德·索尔和汤姆·福特宣布因为艺术理念不合而离开古驰的母公司 PPR 集团。这对麦昆来说是个打击。这两个人信任他的才华，对他在创意和资金上一直不遗余力地支持，这是在 LVMH 集团不曾有过的。没有了他们，Alexander McQueen 就不会成为一个全球化品牌 —— 无论这一点对麦昆自己的影响是好是坏。更重要的是，在这样一个交织着野心、通行的原则是"人人为己"的产业里，德·索尔和汤姆·福特是麦昆的私人好友。如果把"莱昆的神殿"与当季 Dior 那场参考了别家太多创意的发布会相比，就能辨别出真正自律的、拥有独特视角的设计师。希望获得快速扩张的 PPR 集团希望麦昆能接任离开的汤姆·福特，担任伊夫·圣·洛朗的创意总监一职。[23] 麦昆立刻拒绝了，决心专注打造自己的品牌。"神殿"（Pantheon），隐喻了希腊神话中的诸神；"面包和马戏"的谚语（统治者用面包和马戏满足老百姓的身心需求，以实现政局稳定），意在放弃外在的戏剧性。

不幸的是，观众们希望被娱乐。麦昆吊足了时尚媒体的胃口，他们期待新的创意，期待面包和马戏。他们希望看到时装在戏剧化的布景中呈现，刺激他们麻木的感官。"神殿"系列深受法国女设计师玛德琳·薇

← 长袖针织全棉 T 恤、深灰色高腰工装裤、系带靴和异域风情针织围巾，均来自 2005 年"文本主义者"系列。麦昆的设计灵感通常来自于自己，他自己平时就喜欢这样穿。

欧奈（Madame Vionnet[1]）的影响，丝织晚礼服裙中充满了垂坠、裹身和打结的设计。这些时装简洁而充满艺术感，除了斜裁之外还需要大量技巧，需要设计师对身体构造和面料在人体上的表现力充满悟性和了解。这就是艺术。有些评论不看好这场发布会，而另一些人，比如苏珊娜·弗兰科（Susannah Frankel[2]）却看到其中的智慧。麦昆充满爱意地为女人们创造了"第二层皮肤"，隐藏、暗示与保护女性之美，而不是暴露它。

苍白的、男女莫辨的模特们顶着希腊雕像式的发型出场，看上去就像是从另一个星球而来，刚刚走下母舰。秀场中搭建的 T 台是环形的，灯光从低处打上来。而空中悬挂的绳索，看上去像是一艘盘旋的宇宙飞船的底盘。秀场里还播放着影片，片中出现了月球表面、日冕和火箭升空。整场发布会一共 55 件单品，第一个部分的主题呈现出肉色的基调，材质包括了真丝汗布、开司米、粗花呢和软皮，嘉玛·沃德第一个出场。这一部分的时装显然延续了上一季"解脱"系列的 20 世纪 30 年代末期风格：领口蝴蝶结、宽肩和扭曲不对称的衣领和包边。其中有两件令人惊艳的粗花呢垂坠领连体衣，一件是 1931 年意大利女设计师艾尔莎·夏帕瑞丽风格的裙裤设计，另一件则是麦昆首次尝试的阔腿裤设计。发布会的第二部分从第 20 套造型开始，肉色系转变为了大地色系。其中一件夹克外套用垫肩和廓形塑造出倒 V 字形，看上去具有明显的生殖崇拜意味。此外还有蒙古小羊皮外套和夹克、粗花呢与皮料拼接的连体衣，以及一件浮雕设计的夹克外套，令人想起外星人在秘鲁留下的纳斯卡麦田怪圈。接下来是飘逸的雪纺系列，灵感来自于印第安文化，点缀以美洲虎印花图案、羽毛或是镶嵌了玻璃的披肩斗篷。从第 40 套造型开始的倒数第二个系列，由极尽精致的晚礼服组成，无论连衣裙还是连体衣，都是玛德琳·薇欧奈喜欢用的那种公主缎质地。这一系列的色调从午夜

1. 玛德琳·薇欧奈（1876—1975）是和可可·夏奈尔（Coco Chanel）、夏帕瑞丽一起风靡于 20 世纪 20 年代的三大时装设计师之一。她的设计强调女性自然身体曲线，因为发明了斜裁法而被称为"斜裁女王"。（译者注）
2. 苏珊娜·弗兰科，著名时尚评论家，英国《独立报》的时尚版编辑。（译者注）

蓝过渡到黑色，并采用了数码印花技术，在时装上印刷出老虎百合和兰花图样。最引人注意之处在于臀部的设计：麦昆在这一系列中尝试了一种全新的廓形，让腰线从腰部下移。

第 48 套造型借鉴了英国画家爱德华·伯恩·琼斯（Edward Burne-Jones）[1] 以及拉斐尔后派中世纪派艺术家。在他们的画作中，那些摇曳生姿的女人们身上的腰带就是这样位于臀线上的。麦昆应该是在伊莎贝拉·布罗位于格洛斯特郡那座充满艺术气息的房子里产生这样的灵感的，那座房子最出名的就是威廉·莫里斯（William Morris[2]）和伯恩·琼斯画作的收藏。"麦昆会从不同的地方获取灵感，然后把它们收归己用。他是浪漫的，独一无二的。"波比·希尔森（Hillson）说。最后 4 套造型是关于未来的，银色的面料像壳一般包裹住身体，在一片黑暗中被 LED 灯照亮。"通常在晚上关灯之后，就会浮现出更多的美感。"麦昆这样说过。[24] 最后亮相的是提优·特维克（Tiiu Kuik[3]），她穿着一条用几百根布条连缀而成的细腰带裙撑连衣裙。最后，麦昆穿着白衬衫、光着脚出场谢幕，离开前他还拥抱了德·索尔，以表达他对这个男人的喜爱与感激，因为正是德·索尔帮助他从一名英国设计师变成了国际时装设计大师。

第一个男装系列

成衣系列的生产线已经建成，就坐落在麦昆在罗密欧·基利工作时的诺瓦拉（Novara）工厂。同时，麦昆还在筹备与制鞋、皮具和男装的公司合作。Alexander McQueen 正在逐渐扩张为一个跨国品牌。到了 2004

1. 爱德华·伯恩·琼斯爵士（1833—1898），英国画家、图书插画家、彩色玻璃和马赛克设计师。他是新拉斐尔前派最重要的画家之一。（译者注）
2. 威廉·莫里斯（1834—1896），英国艺术与工艺美术运动的领导人之一。世界知名的家具、壁纸花样和布料花纹的设计者兼画家。（译者注）
3. 提优·特维克（1987— ），爱沙尼亚模特。（译者注）

年中，麦昆的事业已经可以被称为"稳定"，他自己也已经成为少有的几个从没有申请过破产保护的英国设计师之一。麦昆对此很骄傲，他希望自己的品牌能一直这样壮大下去："要么不断向上，要么什么都失去。不然为什么做这行？"

2005年6月24日，麦昆在米兰为2005年春夏季推出了自己的第一个男装系列"文本主义者"（Texist）。这个系列走军装风的路线，模特们身上涂成了靛蓝色（就像古不列颠人打仗时那样）、亮粉色和红色，搭配印度汉娜纹身图案的T恤和紧身裤、羽毛长围巾和船形苏格兰便帽，展示了一组剪裁精美的垂坠夹克。麦昆把设计女装线的理念带到了男装领域，那就是在设计中同时展现男性气质和女性气质。这种感觉就像他沿着伦敦砖块街（Brick Lane）走了一圈，从不同的"部落"中汲取了他们的文化，从都市青年到贝斯纳尔格林地区健身房里的拳击手，还有印度少年——和女装系列"但丁"有异曲同工之妙。作家蒂姆·布兰克斯（Tim Blanks[1]）准确地评价说，麦昆的男装系列比女装更加"注重感官"。"这些是我为自己设计的。"麦昆的解释很简单。

在"文本主义者"系列之前，他在2002年和萨维尔巷的亨斯曼（Huntsman）裁缝店合作设计过第一批男装。那一次他犯了一个错误，在设计时假想脑海中的顾客会想要穿什么："男人不喜欢被女人摆布，即使那个女人是皇后。"这正是麦昆设计女装的秘诀。如果在女装设计师不考虑性方面的诱惑——他的女装线也许是性感的，但更是注重女性的力量的——他就能更自由、更富有创造力地去设计。为什么同性恋男性可以成为优秀的设计师？在一次GQ杂志的访谈中，艾里克斯·布洛姆斯（Alex Bilmes）这样问麦昆。"因为他们不想穿得跟水管工一样。"他说。

麦昆说，直到最近这几年他才对自己感到自信，不再翻阅杂志，把自己的设计与别的设计师对比，而是静候自己的灵感浮现。他是与众不

1.蒂姆·布兰克斯，活跃在伦敦的著名时尚评论家。（译者注）

同的，但他需要时间来挖掘自己的与众不同之处。因此他在接受 *GQ* 访问时给出的这个答案，在一些人看来几乎是冷漠的。2004 年 9 月，乔纳森·阿克约德（Jonathan Akeroyd）成为了 Alexander McQueen 的主席和 CEO，他曾在英国哈罗德百货工作了 15 年，一路从店员做到高层管理人员。麦昆为此很开心。他在到来之后的第一次发布会，就展现出了自己的独到之处：发布会的会场被布置得如同戏院，发布会上一些特别的单品成为了特别推荐登上媒体，并且在品牌旗舰店里作为装置艺术进行展览。只有特定的客户才能预定这些单品，等着伦敦的工作室为他们特别制作。而那些商业的产品则进入各家店铺。这些配饰、基本款西装、针织衫和其他可供搭配的单品传达了这一系列的色调和主题。此外麦昆还特别为了一次名为"黑色"的慈善活动设计了一些黑色主题的时装，这次慈善活动于 2004 年 6 月 3 日举办，旨在为关爱 HIV 病毒携带者和艾滋病患者的特伦斯·希金斯基金会筹款。黑色系列复刻了一些麦昆最好的黑色系单品，其中就包括凯特·莫丝穿过的那条著名的骷髅连衣裙。

↑ 红色纹身风格印花长袖透视 T 恤、迷彩裤和苏格兰船形便帽。卡其布的帽子上有花朵纹样的镶边，少量的女性化细节与传统的军装风融为一体。

游戏而已

It's Only a Game

2005 春夏

✳

麦昆的 2005 年春夏系列"游戏而已"于 2005 年 10 月 8 日发布。T 台被布置成国际象棋的棋盘，36 名模特扮演对垒双方的皇后、主教、车、骑士和兵卒。发布会的灵感来自于 2001 年的电影《哈利·波特与魔法石》（*Harry Potter and the Philosopher's Stone*）中的魔法棋局。而扮演兵卒的模特所穿着的殖民地时期服装，灵感则来自于 1975 年的电影《悬崖上的午餐》（*Picnic at Hanging Rock*）。这一系列时装主要由收腰夹克、长长短短的裙子，以及适合穿去参加宴会的连衣裙组成，风格极具女人味，充盈着柔和的爱德华时期色调：报春花的黄色、尼罗河水绿色，或是深玫瑰色。

在《悬崖上的午餐》中田园牧歌般的生活受到威胁的主题同样也反映在了麦昆对几套最爱的造型所进行的调整中。两枚"棋子"穿着纤维玻璃倒模制成的盔甲，一位皇后穿着玛丽·安托瓦内特风格掺杂洛可可风格的贝壳粉色带裙撑长裙和尖顶皇冠；她的对手则头顶一座日式山水雕刻作为头饰。骑士们则穿着全套美式橄榄球头盔和护垫，上面还印着日本锦鲤纹身图案，短裤和胸衣上的印花则由俄罗斯设计师里昂·巴克

← 一名"骑士"穿着麦昆的"游戏而已"系列：娜塔莎·波莉（Natasha Poly[1]）头戴马尾头饰，身穿纤维玻璃倒模制成的盔甲，内搭一条饰有旋转木马贴布和刺绣的连衣裙。模特所穿鞋子的系带如同马戏团中马身上的装饰品一样叮当作响。

---

1. 娜塔莎·波莉（1985— ），俄罗斯超模。（译者注）

斯特（Leon Bakst[1]）设计。扮演"车"的模特身穿摩托车手的连体服，胸前刻着大大的 Q 字。棋盘上呈现出的其他元素还包括和服、日式印花、腰部抽绳，以及一条象牙色高腰丝绸连衣裙，上面的旋转木马贴花图案让人回想起"旋转木马"系列（见 194 页）。

之后，灯光忽然熄灭。当灯光再亮起来的时候，观众们看见了整张棋盘和正在厮杀的棋局，为这段表演编舞的是莱斯·柴尔德。红发女郎、亚洲人、美国人、金发女郎——不同的人种分列棋盘两边。随着游戏的进行，一些棋子被抹去，另一些则留了下来。最后，麦昆伴随着猫王的歌曲《猜疑的心》（*Suspicious Minds*）走上台。

为了躲避生意上的往来，麦昆大多数时间都在黑斯廷斯的乡村居所度过，享受那里孤独与自然带来的宁静。"对我来说，钱的用处就是换得舒适。"他对 *GQ* 说，"我的压力太大，我工作得太辛苦了！"在每一季发布会结束、新一季的工作开始之前，麦昆都会休假大概一个礼拜。他梦想中的交通工具是英国科幻电视剧中"神秘博士"（Doctor Who）的 TARDIS[2]。麦昆的压力不仅仅来自于工作。2003 年 3 月，他和英国珠宝设计师肖恩·利尼一起把处于深度抑郁的伊莎贝拉·布罗送进了西伦敦的普莱奥利私立医院（The Priory Hospital）。他们二人为伊莎贝拉·布罗支付医院账单，交换条件是伊莎贝拉·布罗要永远和她的丈夫分开。

在麦昆看来，德特马·布罗才是真正的问题所在。2004 年 6 月，布罗夫妇达成了和解，但是伊西[3]的自杀倾向却越来越明显。麦昆对于他们夫妇的和解非常不满，从 2005 年开始不再跟伊西说话。而伊西也对麦昆感到不满，因为他不再及时借给她自己设计的衣服（她总是来借衣

1. 里昂·巴克斯特（1866—1924）俄罗斯籍犹太人，20 世纪初的剧装绘画大师，他设计的艳丽戏服和为俄罗斯芭蕾舞团设计的舞衣影响深远。（译者注）
2. TARDIS，全称时间和空间相对维度（英文：Time and Relative Dimension in Space），是《神秘博士》中的一个虚构时间机器和航天器。（译者注）
3. Issy，伊莎贝拉·布罗的昵称。（译者注）

服并不愿归还，麦昆对此已经厌倦了）。无论是工作上还是生活上，任何一点点对于他的要求，都会令他倍感压力——"我的压力越大，创造力就越低下。"

2001 年，LVMH 集团的某个人以药物滥用为名攻击麦昆——"麦昆先生的问题在于，他总是在吸毒。"[25] 实际上，在时尚圈中这并不是什么稀奇的事情，特别是对于设计师们来说。然而，麦昆据说已经对可卡因成瘾，并且无法彻底戒除。现在看来，也许 LVMH 集团在这件事上可以做得更好，就像他们支持处于困境的约翰·加利亚诺一样。在接下来的两季中，麦昆在古驰集团设计的服装系列更加商业化，这也有损于他最拿手的秀场布景和手工艺。

所以，难道他就是"知道太多的人"（The Man Who Knew Too Much）？他曾在 2004 年的一次表态中这样总结："设计师得作出选择：艺术还是金钱。我并不是搞艺术的，我只是创造人们穿的衣服。"这样的表态多多少少是敏感的，古驰集团占有 Alexander McQueen 品牌 51% 的股份，这让他无法像理想中那样可以超越"仅仅"做一名设计师界限。"每六个月，你办一场秀，在公众场合曝光一次，但是在这六个月的间隔里，一切都很早。没有人能从时尚媒体上或是买手那里得知，你要经受怎样的折磨才能把一切做好。"麦昆补充道。[26]

"李喜欢下国际象棋。所以当我被请去为这场发布会编舞时，他让我根据国际象棋来编。我说我从来没有下过棋，于是他们就给了我一本书，让我自学。

"我们把排练的地方的地板铺成了棋盘的样子——那是一个停车场的楼顶，我拿椅子来代替模特们——排练进行得很困难，因为没有足够人手扮演模特，我也从没见过这一系列的衣服。我们在纸上画出每一步舞步，让它们组合成可爱的图形。模特到场以后就比较简单了，只要让她们在棋盘上移动，假装自己是棋局中的棋子——比如像这样指挥她们，'骑士向主教移动！'在我们的创意中，模特和服装都要——对应，比如在一个红发女郎的对面安排一名亚裔模特，运动风格服装对应的是艺妓造型。灯光效果强调了 T 台上的棋盘格，而背景音乐则是"法兰基去好坞"乐队（Frankie Goes To Hollywood）（1980 年代中期走红的英国乐队）的《放松》（Relax）和《两个部落》（Two Tribes）。"

"李把表演带回了时装 T 台，充满了 1980 年代的活力和个人主义。就像身体地图时代一样，模特们都充满了个性。同样，这场表演中还有雷夫·波维瑞的影子。模特们像机器人一样机械地行进，如同梦游一般。我很怀念他的活力和创造力，这是像他这样伟大的人最能打动我的地方——他像所有创造性的艺术家一样，拥有无穷激情。"

* 莱斯·柴尔德

← 棋盘上的"皇后"之一，身穿一条改良和服，下搭一条裙撑翠裙。和服里面的紧身衣上绣满了日式纹身图案。模特头顶一座日式山水雕制作为头饰。

知 道 太 多 的 人

The Man Who Knew

Too Much

2 0 0 5 — 2 0 0 6 秋 冬

✳

2005年3月4日，"知道太多的人"系列在巴黎一所巨大的学校礼堂发布。这一系列以希区柯克于1956年重拍的电影《擒凶记》（他在1934年拍过一次《擒凶记》）作为灵感来源。影片女主角是桃乐丝·黛（Doris Day[1]），但她并不比奥黛丽·赫本更像是"麦昆女郎"。她清新可人、形象健康，就像是一块苹果派。而更对麦昆胃口的，却是彼得·格林纳威（Peter Greenaway[2]）的电影《厨师、大盗、他的太太和她的情人》（*The Cook*, *The Thief*, *His Wife* & *Her lover*）（1989）中大盗所品尝的菜肴（精心烹调的人肉）。

这一系列中，有标志的粗花呢小外套、防雨风衣、牛仔马裤、纳瓦霍人部落风格的皮镶边马甲夹克、牛仔系列，以及对第二年将要推出的 McQ 副线品牌的预报——一件费尔岛图案的无捻针织衫。发布会上那些20世纪50年代风格的舞会礼服尤其适合红毯常客——特别是一件猩红色带有旋转下摆的，极具英国设计师查尔斯·詹姆斯（Charles James[3]）的风格。发布会的最后一套造型是向女裁缝师、好莱坞戏服设

---

1. 桃乐丝·黛（1924—   ）美国歌手、演员。她是美国史上最受欢迎的女歌手之一，并在1950年代至1960年代有电影"票房皇后"之称。（译者注）
2. 彼得·格林纳威（1942—   ）英国著名导演、编剧，代表作《枕边书》。（译者注）
3. 查尔斯（1906—1978）被称为"美国第一位设计师""美国最有名的设计师"，代表作是"四叶草"礼服。（译者注）

计师让 - 路易斯（Jean Louis）致敬，灵感来自于玛丽莲·梦露为约翰·肯尼迪总统唱《生日快乐，我的总统》时穿的那条著名的肉色薄纱镶水晶长袍。这是麦昆第一个可以看出参考了别的设计师作品的系列。而在发布会的结尾，麦昆也没有像往常一样登台向观众致敬。这也许意味着他遭遇了前所未有压力 —— 即使当年小心翼翼躲避英国卫生和社会事务部时，他都会从后台探出脑袋来。现在他的问题不再是缺钱，而是有太多的钱，不得不努力满足那些为他投资的人：每个系列都是为了他的股东们而卖。这一系列正是如此。这一季的服装取得了到那时为止最大的商业成功，"一批根据希区柯克电影中女主角的造型设计的剪裁美丽的铅笔裙、外套和鸡尾酒裙（麦昆不是那种喜欢冰山美人格蕾丝·凯莉Grace Kelly 的男人），买手和编辑们都为此而疯狂。这也成为了这一季最成功的系列。"[27]

　　是诚实地表达自己，还是服从媒体的意愿，麦昆面临着选择。这一次他选择了后者。然而在《卫报》一篇名为《表现出色的年轻人》（*The Boy Done Good*）的文章里，他说："我找到了自己顾客，自己的廓形，自己的剪裁方法。你可以在舞台效果的背后隐藏很多东西，但我已经厌倦那样做了。"这个多多少少有些傲慢的标题，让人忍不住感到惊讶，为什么他会不再相信自己的创造力。但是就像莎拉·摩尔在 style.com 上说的那样，"一边愤世嫉俗，一边炫耀夸张的主题，这不是时尚界对于麦昆的期待。我们知道，他自己也知道。他能做的要比那更多。"[28]

前　页　图　这是麦昆最传统的系列，灵感来自于希区柯克的惊悚电影。这也是自 1995 年春夏 "鸟" 系列之后，麦昆第二次以希区柯克的电影为灵感。伊莉斯·克劳姆贝兹（Elise Crombez[1]）的发型如同希区柯克御用女主角蒂比·海德莉，身穿一件装饰着珍珠纽扣、羽毛、亮片、串珠和彩色丝线的风衣，腰部系紧，内搭数码印花图案圆喇叭裙，外罩沙色斗篷。这条斗篷让人们想起 "珠母纽王和王后" —— 伦敦东区那些身穿缀满珠母纽扣的黑色服饰、盛装打扮的小贩。这种着装风格走上巴黎的 T 台，呈现出一种别样的精致与美感。

→　象牙色粘纤 V 领无袖绑带上衣，灰绿色压皮百褶裙，一条 "拳击" 腰带和镀金的皮质帽衫。

1. 伊莉斯·克劳姆贝兹，（1982—　）比利时超模。（译者注）

海王星

Neptune

2006 春夏

✳

2005 年 10 月 7 日举办的"海王星"发布会，就像是一次献给海神们的盛大庆典，"波塞冬"是麦昆自己，而"美人鱼"们就是传说中的"麦昆女郎"们，比如伊莎贝拉·布罗和她的继任者、英国名媛达芙妮·吉尼斯。除了非常商业化的黑色西装、诱人的连衣裙，这一系列中让"美人鱼"们深深热爱的是极其性感的绿色超短针织衫、垂坠感束腰连衣裙和金色泳装。"虽然他的一些改变明显是为了增加销量——这无可厚非——这场秀，对于一个有能力赢得大家尊敬的设计师来说，是一次倒退。"时尚网站 style.com 的莎拉·摩尔这样写道。[29] 这就是不够好，对于李·麦昆来说。

　　这一次他穿着胸前印有"我们爱你，凯特"字样的 T 恤出现，以示对他的朋友凯特·莫丝的支持。这位超模被拍到吸食可卡因，因此丢掉了为 H&M 走秀的工作，并无法再代言 Chanel 的香水"Coco 小姐"。同时，Burberry 也取消了与她的合作，不过不久之后恢复了合作。麦昆的举动足以证明他是一位忠诚的朋友，同时他也在向那些掌握着几大时

→　整场秀结束时全体模特出场。

装屋的、有着"底线"的时尚界权威人物 —— 更别提媒体了 —— 传达，他对这些人都作何想法。

"她不是时尚界第一个吸食可卡因的人，也不会是最后一个。她对于伦敦时尚业的贡献比任何人都多。拿着这些报纸擦厕所去吧。去他妈的，管得真宽！"他这样对 *ELLE* 杂志说。这是他在那一季中唯一的 T 台表演。

卡 洛 登 的 寡 妇

Widows of Culloden

2006 — 2007 秋冬

✳

在这一场发布会上，凯特·莫丝以一种特殊的形式出现在秀场——就像是一个关在金字塔里的幽灵。那是一部事前拍好的短片，导演是英国导演巴利·沃尔什，李·麦昆担任美术指导，短片的背景音乐来自《辛德勒的名单》。麦昆希望通过这种方式宣告，"凯特·莫丝比她身处的困境更加飘逸和强大"。[30] 她在 T 台上缓缓舞动，身边环绕着一圈飘渺浮动的雪纺，成为"卡洛登的寡妇"这一女性形象的象征。这场举办于2006 年 3 月 3 日的发布会，正是献给她的。

就在人们都在怀疑麦昆是不是"迷失"的时候，他又回来了。他又一次采用了苏格兰主题，就像 1995 年让他声名鹊起的"高原强暴"系列那样。他放下了为了迎合不同的市场而承受的压力，转而关注创新与灵感。"我希望让我的工作更加诗情画意。这个系列要表现的忧伤，用一种电影的方式来表达——我在悲思中寻得了美感。"他说[31]。发布会上粗花呢的服装是为了纪念苏格兰詹姆斯党的女英雄弗洛拉·麦克唐纳德（Flora MacDonald），她在 1746 年的苏格兰叛乱中协助查理·爱

← 凯特·莫丝全息投影短片的剧照，导演是巴利·沃尔什[1]，麦昆担任美术指导。伴随着约翰·威廉姆斯作曲的《辛德勒名单》原声音乐，她在发布会的结尾处出现，漂浮在一片虚无缥缈的薄纱中，如梦如幻。

———
1. 巴利·沃尔什，英国电影制作人。（译者注）

德华·斯图尔特（被英格兰人称为"小叛乱者"）渡海逃生去 Isle 岛——那里正是麦昆祖先的故乡。

这一系列服装呈现出乡村老屋的生活情调，带着鸟翅的帽子和过大的粗花呢服装，像是传家的物件。挖空设计的连衣裙和裤装也与麦昆的格子呢面料十分搭配。一条奶油色的蕾丝连衣裙上带有英国新古典主义艺术家詹姆士 - 梯索（James Tissot[1]）作品里的那种褶皱，搭配一顶带有鹿角的帽子和绣花蕾丝面纱，打造出一个幻影般飘缈不定、永远漫步在苏格兰高原上的女性形象。动物的意象则发展成为了弗拉明戈风格的裙子，由野鸡羽毛连缀成的面料在颈部紧贴皮肤，随后大量的褶皱倾注而下。如果要参加晚宴，可以选择这一系列中的浮花锦缎连衣裙搭配紧身马甲，或是修身的黑丝绒长袍。

这一系列囊括了麦昆所钟爱的所有元素：黑色的珠串、羽毛、绣花薄纱、浮花织锦、不对称剪裁，以及男女莫辨的气质。像是一条美丽的工艺美术运动与伊丽莎白时期混合风格的羽毛连衣裙，松身外套和一件礼服外套。"那很浪漫，同时也忧伤和严肃。那很轻柔，但你也能从中感受到寒冷的侵袭，就像是冰块触碰着你的鼻尖。利用裙撑和内置的腰带，我可以打破一切廓形的限制。我想夸张地呈现女人的形象，就像古典雕塑那样。"

这种夸张体现在方方面面。观众们看见了大量 19 世纪 70 年代和 20 世纪 80 年代那种精美的、强调女性臀部的 S 形曲线——詹妮弗·洛佩茨那种充气般的臀部，激起了当时人们对于情色的渴望，令裙撑风靡一时。[32] 当麦昆谈论廓形时，总是包含着不同的涵义：扭曲的剪裁、移位的重心、以及对于西方传统观念中对于情色的理解。这一系列中的茧形设计和大量的毛边褶皱，让这些服装的雕塑感更接近于西班牙设计师克里斯托巴尔·巴伦西亚加，而不只是有一些装饰性的奇装异服。对于麦昆来说，这代表着职业生涯中的分水岭。从此以后，他一直坚持真我。

1. 詹姆斯梯索（1836—1902），法国新古典主义画派画家。（译者注）

↑ 麦昆的苏格兰格子抹胸裙。按照传统，格纹花布从一边肩膀绕过脖子。内搭一条装饰着黑色蕾丝贴花的透明上衣，裙子下面还有一层薄纱衬裙。腰带搭扣来自凯尔特人的传统设计。在这一系列接下来的部分中，"鸟类"是很重要的意象，因此模特的头发上也装饰着黑色的鸟类颈羽。长度刚好到小腿肚的靴子是用柔软的黑色真皮制成

我 想 要 让 女 人 的 身 形 看 起 来

尽 可 能 夸 张 ，

就 像 是 一 尊 古 典 雕 像 的 线 条 一 样 。

★

亚 历 山 大 · 麦 昆

↑　淡黄色丝绸胸衣外罩着一层奶油色的丝绸蕾丝，紧紧地贴合拉奎尔·齐默曼的臀部。斜裁的荷叶边
裙上有着大量倾泻而下的蕾丝。模特头戴一双树脂做的鹿角，从上面垂下了点缀着花朵的蕾丝面纱。
后排是嘉玛·沃德，她身穿一条新版本的"牡蛎裙"，充满体积感的白色裙边沿着螺旋曲线围绕着裙身，
上面点缀着白色的蝴蝶。

萨拉班德舞曲

Sarabande

2007 春夏

✳

这场秀于 2006 年 10 月 6 日，在巴黎冬天马戏团剧场（Cirque d'Hiver）举行。根据发布会的说明，"萨拉班德舞曲"的灵感来自于斯坦利·库布里克的杰作《巴里·林登》（1975）、意大利名媛玛切萨·路易莎·卡萨提（1881—1957）德国作曲家韩德尔（George Frideric Handel，1685—1759）的《萨拉班德舞曲》，库布里克把这曲子用在电影里，烘托出巴洛克式的磅礴情绪。这场发布会中还有更多的元素：意大利导演鲁西诺·维斯康蒂的《死于威尼斯》中黄金年代（巴黎的 20 世纪 20 年代）的富丽堂皇，一点点佛兰芒绘画中的哥特气氛，来自异域的鸟类，以及花朵中体现出的转瞬即逝的美感。"那时候我的身心沉浸在一种黑暗的美中。"麦昆说。这是几近完美的一个系列，并且其中的大部分都可供销售，其中一系列窄版的西服和夹克，肩部采用了泡泡袖的设计，另外几件是臀部剪裁稍加修改的 T 台样衣。这些设计的目的是增加时装的感官刺激，按照麦昆的话来说，就是"更有女人味"。

前 页 图　达芙妮·吉尼斯身上这条带裙撑的淡紫色薄纱晚礼服来自"萨拉班德舞曲"系列，上面点缀着闪烁的施华洛世奇水晶。这条裙子的臀部被填充、放大，形成了夸张的沙漏形廓型，从膝盖处一直到裙脚都缠绕着螺旋形的薄纱，形成了曼妙裙裾，散发出的致命诱惑令人想起特拉维斯·班通（Travis Banton[1]）为梅·韦斯特（Mae West[2]）打造的经典造型。摄影：索威·桑德波。

---

1. 特拉维斯·班通（1894—1958）：20 世纪 30 年代派拉蒙电影公司的首席设计师，也是当时好莱坞最重要的服装设计师之一。（译者注）

2. 梅·韦斯特（1893—1980）：20 世纪 30 年代的著名女演员，也是当时好莱坞片酬最高的演员，以性感著称。特拉维斯·班通在《我不是天使》（1933）中为她打造的性感造型堪称服装设计史与电影史上的经典。（译者注）

为了便于观众们能从各个角度观看时装，麦昆选择了冬天马戏团剧场的圆形剧场，剧场中央吊着一盏巨大的枝形吊灯。在发布会开始的时候，吊灯缓缓升起，室内管弦乐队（都穿着麦昆的灰色雪纺连衣裙）开始演奏韩德尔的《萨拉班德舞曲》——这是一首舒缓的、富有韵律感的正式舞曲，为模特们营造出走秀的氛围。与普通发布会上走到 T 台尽头定格下来不同，模特们组成了一支缓慢前进的队列：打头的模特穿着一条拉菲草编织的黑色高腰骑装大衣，侧面开口，用细细的褶皱塑造出廓形和垂坠感，搭配的是一顶菲利普·崔西设计的戏剧化的黑色丝绸礼帽，在舞台上像一朵玫瑰般闪闪发光。整套造型让人们回想起意大利女演员在电影《魂断威尼斯》（1971）中穿的一身意大利设计师皮埃罗·托西操刀设计的戏服。

接下来是一系列象牙色水手风前覆片丝绸和纯棉拼接裙，然后是泡泡袖收腰小夹克，完美融合了《魂断威尼斯》中塔奇奥（Tadzio[1]）的水手服[33]与曼加诺（Mangano[2]）的黑白装束。在海滩般的氛围中，出现了绣着乌鸦的黑裙和波蕾若短外套，袖子的长度刚好露出手腕；一顶白色的圆顶礼帽，上面覆盖着珠串蕾丝花边。乌鸦的刺绣不断出现在这一主题中，另一条绣着乌鸦的奶油色衣服，搭配了一件圆角下摆的骑师外套，以及一条高腰窄身裙——黑色的群鸟图案沿着加长的帝政线环绕着整条裙子。接下来，廓形从曲线演变为了对臀部的夸张，一套黑色的裤装西服将整场秀带进了下一个篇章。九份裤、短背心和一件黑玉珠串刺绣泡泡袖夹克，还有直到 2009 年才在 Céline 秀场上引起风潮的流线型裤装西服套装。最后出场的一套造型极具当代感，出自崔西之手的黑色丝绸礼帽重现了尼德兰画家扬·凡·艾克在 1433 年自画像中的兜帽。同款的帽子早在多年之前就已经是伊西·布罗的最爱了。[34]

1.《魂断威尼斯》中的美少年。（译者注）
2. 肖瓦娜·曼加诺（1930—1989）意大利女演员，《魂断威尼斯》的女主角。（译者注）

接下来，麦昆将在身体后部塞进填充物使臀部隆起，塑造出夸张的身体线条。两条带腰封连衣裙——一件黑色，另一件是奶油色，带有19世纪90年代的羊腿式衣袖——都是在腰部收紧，下面加裙撑和衬垫来凸现臀部和大腿的线条，"看上去像是带有大胸部和大臀部的戴安娜雕像。这样更具有母性和女人味。" [35] 这种夸张的廓形在麦昆设计的最后一个系列"柏拉图的亚特兰蒂斯"（Plato's Atlantis）中体现得更是淋漓尽致。（可参见后文）在此之后，麦昆再次向玛切萨·路易莎·卡萨提致敬。根据西班牙画家苏洛阿加（Ignacio Zuloaga[1]）为这位神秘的画家赞助人和时装狂热者创作的肖像画，他设计了一条灰色的蕾丝曳地蒙面头纱，内搭的一条白色连身短裙的臀部也被垫高，并不是卡萨提飘逸的风格。接下来的晚装裙上，再次出现了"虚无主义"中欧根纱上的花瓣刺绣，外加倾泻而下的大量驼鸟羽毛。为整场发布会压轴的秀款尝试了一些不同的廓形：首先是一件奶油色的皮质模压花纹连衣裙，乳头和腹肌部分都被压出了花纹，而这份性感又被裙身上手绘花鸟图案的柔美冲淡，让人想起美国鸟类学家奥特朋笔下的动植物图绘。接下来是一条镶嵌施华洛世奇水晶的淡紫色薄纱晚礼服，臀部同样被填充垫高，膝盖以下借鉴巴伦西亚加的风格用层层褶皱堆叠出膨胀效果，紫色和淡紫色的薄纱交叉形成一个倒 V 字向下延伸、膨胀，就像被风吹倒的菌类。在衣褶间闪烁的阴影让人们想起了摄影家卡梅隆（Julia Margaret Cameron[2]）：用乌贼墨手绘的作品，随着时间的流逝逐渐退色。

这种稍纵即逝感也体现在发布会的最后两套造型中。在一条漏斗状领口的有骨胸衣和有骨短裙上，[36] 鲜花与绢花点缀在领口、腰线，以及层层薄纱褶皱之间。这是麦昆最夸张和最富有灵感的作品之一，带骨架的服装改写女性身体的轮廓，并与凋零花朵的柔和形成了鲜明对比。

麦昆对雄性园丁鸟深深着迷，它们不是靠艳丽的羽毛求偶，而是四

1. 伊格纳西奥·苏洛阿加（1870—1945）西班牙画家，虽然长期生活在法国，但作品多取材于西班牙的民众生活。（译者注）
2. 朱丽亚·玛格丽特·卡梅隆（1815—1879），英国摄影师，以抓住模特个性的柔焦人物像著称。（译者注）

← 袖子是夸张的16世纪90年代中世纪风格，内置格子状的骨架支撑，衣服采取斜裁设计以便于活动。颈部是透明的，装饰着蕾丝花纹。麦昆采用体积感，呈现出丰硕的，而不是性感的廓形。

→ 挖空的漏斗状颈线，内置骨架支撑的紧身胸衣，19世纪40年代的宽领口和低垂的衣袖，袖口也采用了漏斗状设计。上衣和裙子都像是蒙上灰尘的粉色面料上覆盖着丁香紫的薄纱。内置格子骨架的裙子上，层层丝绸和薄纱裙褶间都点缀着花朵。鲜花和绢花的加入暗示着女性的生殖力。

处搜集材料，筑造一个出色的窝来吸引异性。[37] 雌性园丁鸟喜欢色彩艳丽并且可以反光的"建筑材料"。英国广播员和自然学家大卫·爱登堡爵士（David Attenborough）就曾经展示过一段影片，里面的园丁鸟窝周围簇拥着雄鸟折下来粉色花朵。麦昆的灵感正是来源于此，于是发布会上最后的那条裙子在丝绸上缝满牡丹和菊花的花朵。这是对大自然的模仿，但是就像"沃斯"系列中的蚌壳裙一样，衣服上的装饰在模特的走动间就开始掉落。与"沃斯"系列最后一条裙子上的蛾子裙相同，这条裙子也注定难以保存。"每件东西都会腐烂，"麦昆在之后的一次采访中说，"这次发布会就是关于腐坏的。我采用鲜花，就是因为它们会死去。"[38]

发布会后不久，苏珊娜·弗兰科在《哈泼·芭莎》杂志中写道，这场

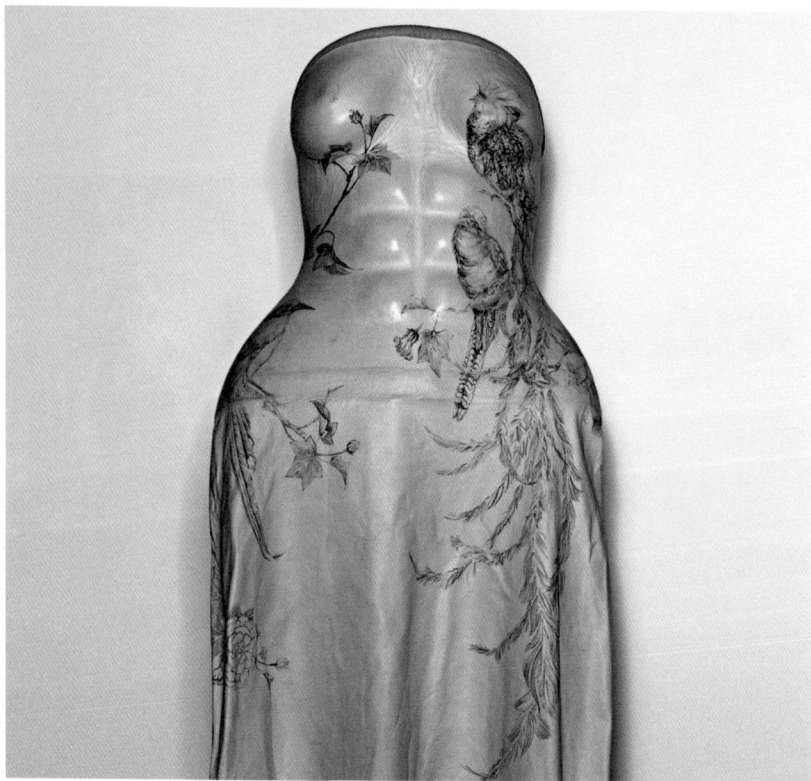

秀上所呈现的产品举足轻重：麦昆必须在 2007 年打个翻身仗。不仅要展现出商业价值，还必须是与众不同、独一无二的。在那一季，其他所有的设计师都比不上麦昆的发布会这么具有历史气息与文化底蕴。Christian Dior 的成衣系列明显是为了迎合市场（媒体们都只通过加利亚诺的高级定制来了解他真正的实力）；让·保罗·高提耶的作品已经流于程式化，而巴黎世家只能接着麦昆之后做做绑带设计。虽然英国时装设计师工会十分注重发掘设计新秀，但在伦敦还是没有设计师（除了乔纳森·桑德斯 Jonathan Saunders，他在印花与色彩方面别具一格）能够与麦昆相提并论。"只有少数几个设计师能影响其他设计师，我必须在这种较量中领先于别人。作为一名设计师，你得不断追求进步。你必须跟得上潮流，或者制造属于自己的潮流。这就是我做的。"麦昆说。[39]

← ↓ "萨拉班德舞曲"（SARABANDE）系列中的奶油色皮质模压花纹连衣裙，上面装饰着早期鸟类学研究中的图绘。

后页图 "圣女贞德"（La Pucelle），索威·桑德波摄于 2007 年 1 月。带兜帽盔甲和金色亮片连衣裙的灵感来自于圣女贞德，却展现出了与这位处女格格不入的色情意味。

纪念 1 6 9 2 年

萨 勒 姆 的

伊 丽 莎 白 · 豪

In Memory of Elizabeth

Howe, Salem, 1692

2 0 0 7 — 2 0 0 8 秋 冬

✳

2007 年 3 月 2 日夜晚，那是一个暴风雨的夜晚，恰到好处地配合了麦昆的发布会"纪念 1692 年萨勒姆的伊丽莎白·豪"。伊丽莎白·豪是马萨诸塞州萨勒姆那场臭名昭著的审巫案中的一名无辜受害者，这一事件被美国剧作家阿瑟·米勒写进剧本《萨勒姆的女巫》（*The Crucible*）流传后世。豪被一群少女诬陷是巫婆，并在 1692 年 7 月 19 日被处以绞刑。麦昆的妈妈乔伊斯曾经发现自己的家族与豪有很远的血缘关系。在这一系列中，麦昆表达了自己对于偏见与盲从的厌恶。他拜访了萨勒姆，参观了 2006 年 12 月竖立的审巫案纪念石碑，上面刻有豪的名字。除了这个故事，麦昆还加入了古埃及人的异教徒元素。这场发布会在巴黎郊区的一座体育馆举办，方形的秀场中覆盖着深色的沙砾，中间还镶嵌着一枚巨大的红色水晶五角星。而秀场上空中，倒吊着一个 45 英尺（13.7 米）

前 页 图 麦昆的一位祖先曾在 1692 年的萨勒姆审巫案中被无辜地判定为巫婆并被执行绞刑，这让他大为震撼。他同样也痴迷于古埃及的巫术和宗教；这一切都在这个系列中相互融合，因此他让模特们采用了伊丽莎白·泰勒在《埃及艳后》中的妆容。这件点缀着金色的绿色丝绸织锦外套，也同样融入了古埃及的设计，里面搭配的连体衣则模仿了土著人的身体纹样，这个灵感最早源自于他的"树鸭"系列。模特的颈部环绕着彩虹色的孔雀羽毛衣领。

高的黑色金字塔。为了更增几分气氛，秀场中还播放着一段麦昆导演的影片，展示着裸体女孩、肆虐的蝗虫、一张华丽的猫头鹰脸，以及幻化为火焰和人脸的骷髅，这些都被投影到一个大屏幕上。这一次麦昆选择的色卡，包括了色彩变幻的绿色、蓝色和雄性孔雀尾羽上的金色。光线很黯淡，模特们的化着哥特感强烈的奇异妆容，就像是 1963 年版电影《埃及艳后》中的伊丽莎白·泰勒。她们的头发则被发型师吉多·帕劳[1]做成了羊角状。

不幸的是，一些媒体因为在拥堵的交通和瓢泼的大雨中长途跋涉去体育场，坐在远离 T 台的座位上，还因为灯光昏暗而难以看清细节，而对这场发布会的评价很差，但是这场发布会的意义在于，它标志着麦昆能够成熟运用腰封塑造线条（这也影响了同一季的范思哲和克里斯托弗·凯恩 Christopher Kane）。这场秀同时也展示了茧形轮廓的发展：就像一枚豆荚，从肩到腰再到臀部，用布料环绕身体。通过运用带骨架的透纱衬裙，满足了麦昆对于打破西方时尚界重视腰部线条的传统。[40]克里斯托巴尔·巴伦西亚加（正是他发明了丝质透纱）和他曾经的助手安德烈·库雷热（André Courrèges）曾经做过这样的尝试，但这次麦昆为此带来了更丰富的含义：这关于大自然，就像椭圆的形状像是卵子一样。在这一系列中，他的灵感来自于异教崇拜、生殖力，以及好莱坞对于古埃及的想象——混合着金碧辉煌与亵渎神灵。

开场的六套造型都以半球形为主体：服装的臀部被填充起来，色调为黑色、奶油色以及柔软的绿色调和紫色。西装上装饰着金色和蓝色的提花，模仿神鹳（神鹳栖息在阿拉伯半岛的南面和非洲撒哈拉的南部地区，是古代埃及人崇拜的崇物）的翅膀；连衣裙则呈现出折纸般的形状，肩部带有小小的翅膀。一条由小亮片联缀而成的金色连体衣搭配着一条金色的硬质胸衣，胸衣造型自然地微微下坠——这时麦昆从 1993 年的

1. 吉多·帕劳，发型设计师，是时尚界最顶尖的风尚引领者之一、业界很多难忘形象背后的设计者。（译者注）

"女妖"系列开始就喜欢的造型。接下来出场的是一系列皮质胸衣,其中有一条一直能遮住下巴,另一条带有浮雕质感的斗鸡刺绣。其中还穿插着更商业化的造型:一条小羊毛迷你裙,一件奶油色带腰带的开司米裹身大衣,缀有狐皮的牛仔系列(其中有一条牛仔裤外面又裹了一层牛仔布)。模特们肩膀上挂着狐皮,狐狸头都保存完好,尾巴则被染成蓝色(与设计师的"变形"主题呼应)。

接下来是黑色系列,其中包括紧身连衣裙和夹克,而最主要的一件是一条连衣裙:这是一条不对称剪裁的皮质帝政线连衣裙,有些类似于"伊舒"系列(见173页),衣物的纤维被扭曲、结穗,模仿皮毛的质感。这一系列中还有一条绿色和黑色的塔夫绸晚礼服,带着委拉斯凯兹[1]画作中的阴郁腔调,上半身绣着一个巨大的水晶十字架。接下来是一系列银色和黑色相间的造型:施华洛世奇月光石组成了一弯银色新月头饰,另一个头饰则是星星造型,这寓意着古代女性对于月亮女神的崇拜。在发布会接近尾声的时候,出场了一条黑色的晚礼服,上面装饰着大量如同融化的金银般的串珠。接下来的秀场似乎又回到了"树鸭"系列中的森林,那些带有文身和身体彩绘的模特们穿着珠串联缀成的黑色连体衣,其中的一个眼睛被金色的羽毛遮住,另一个穿着领子装饰着细小孔雀羽毛的绿色外套。

最后一个造型是条透明的连衣裙——上面装饰着黑色串珠联缀成的部族图腾,模特身上洒满了金粉。后来,这场发布会被形容为"关于用时装的方式说刻薄话的研究"[41]。刻薄话是什么意思?事实不是这样的,这是一场对于在无辜女性身上所施加的暴行的回应,而不是一个被毒害了的头脑所表达的有害观点。然而,多年来人们一直指控麦昆有"厌女症",这次媒体批判的对象依然是麦昆,而不是1692年那场残酷而不公的审判。在这个系列之后,麦昆的创意总监凯蒂英格兰离开了他的公司,加入了Topshop与凯特莫丝跨界合作系列的团队。

---

1. 委拉斯凯兹(Velasquez,1599—1660),17世纪巴洛克时期的西班牙画家。(译者注)

↓ 在同一个系列中，麦昆参照中世界的铠甲设计了装饰着金色亮片的金色塑料连体衣。

↓　肖恩·利尼重现了维多利亚时代最为流行的主题——新月，并用施华洛世奇月光石把它做成了一个哥特风格的杰作，戴起来就像是刺穿了脖颈。在这一系列中，肖恩·利尼还设计了一个星星造型的头饰，用摄人心魄的色调体现了这一对异教中的象征物。

↓　这一系列中的一条黑色薄纱带玻璃串珠晚礼服。银色的串珠就像是在礼服背后飘动的头发。左图，枪灰色的串珠布满了礼服的高领、肩部和前摆，就像是一场星群爆发。

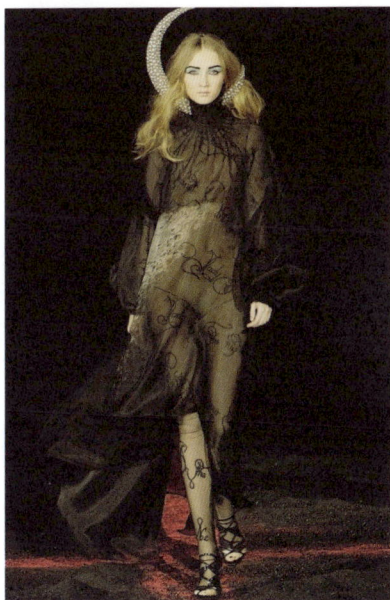

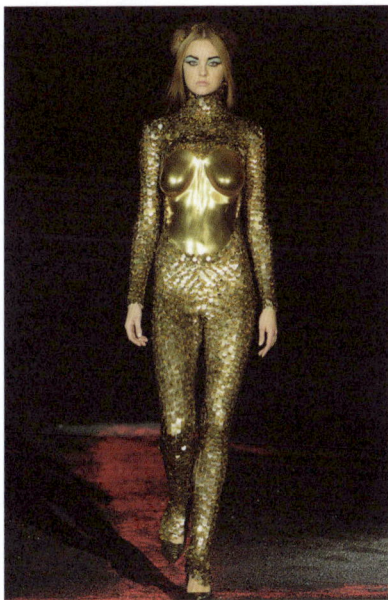

蓝色夫人

La Dame Bleue

2008 春夏

✳

2007 年 5 月 7 日，48 岁的伊莎贝拉·布罗在一连串的失败之后自杀身亡。她悲剧的死亡立刻激起了轩然大波，人们开始仔细审视时尚界，以及她与麦昆的关系。麦昆很明智地一直没有发表自己的观点，直到 2008 年夏天接受两家媒体的采访。[42] 对于麦昆来说，布罗的死是对他的巨大打击，而他选择了最好的方式来纪念她：通过他的设计。无论他在布罗去世之后与怎样的心魔进行了斗争，他把一切都倾注进了这个系列中。"蓝色夫人"，这场献给布罗的发布会于她去世之后 5 个月的 2007 年 10 月 6 日在巴黎贝尔西综合体育馆举办。麦昆与布罗的另一位挚友菲利普·崔西合作，创造出了他最美的系列之一。这是献给布罗最好的礼物，以她为灵感，麦昆创造出了壮丽但又有几分古怪的作品，整个系列中点缀着羽毛与精美的帽子，以及性的意味，充满了戏剧性。"那就是她思考的方式，这种思考方式照亮了时尚界。当她穿好衣服，就成为了女神。"麦昆说。[43] 确实，是伊西·布罗让麦昆在作品中找到了自我的风格，是他的敏感让他与众不同。

在秀场的入口，灯光打出了一对光辉夺目的凤凰翅膀，从蓝色、紫色到白色、粉色和红色，不断变幻，映照在光滑的地板上。模特们走过这对翅膀，来到 T 台上。发布会上展示的服装都是改自布罗的藏品，

← 为了向去世的伊莎贝拉·布罗致敬，麦昆改进了许多之前的设计，并把重点放在鸟类和自然这两大元素上，因为布罗曾带麦昆去看猎鹰训练。这条淡蓝色花苞雪纺裙，正面刚刚过膝盖，而背面长可拖地，从颈部到上臂都被一双猛禽的翅膀标本所遮盖。

最主要的构成部分是手工缝制的西装、外套和夹克。其中有一件夹克逐渐过度成短裤，外搭一条宝塔袖连衣裙，雪纺褶皱从胸前层层垂下。羽毛被大量使用来装饰肩部，在一条灰色的雪纺晚礼服上，一对鸟类翅膀的标本围成了领口，另一条黑色连衣裙上，火烈鸟的珊瑚粉色翅膀成为了视觉的亮点。肩部线条很锋利，有些时装的腰部被宽腰带紧紧地束缚住。在这个系列中，麦昆一如既往地从历史中借鉴了许多设计，比如肩线、漂浮的裤脚，以及来自1939年乔治·库克导演电影《女人们》（The Women）中的发尾向内卷起的假发——这部电影看上去就是为伊莎贝拉·布罗量身定做的。因为在影片中，女主角诺玛·希拉（Norma Shearer）和琼·克劳馥（Joan Crawford）都戴着菲利普·崔西式的帽子，这在某种意义上就是布罗风格的象征。布罗热爱时装，这种热爱很单纯。当模特们走过T台，她们的脸上都带着布罗式无忧无虑的自信。

崔西的帽子（其中最令人印象深刻的一顶用羽毛塑造出了蝴蝶的样子，另一顶是蜻蜓）出现在发布会的尾声，带来了自然世界最美丽的一面。麦昆用一系列同样来自自然世界的元素搭配这些帽子：蝴蝶和鸟类的印花、雪纺裙和雪纺衬衫上印着的羽毛、模特面部妆容和面具上的粉色与黑色手绘羽毛。这场发布会呈现出了一个极致浪漫的布罗，惹人喜爱又充满女性魅力。麦昆向这位挚友献上的作品中布满了来自于她的影响：伊西最为之痴迷的裁剪技巧，伊西带他领略的猎鹰训练术，以及最重要的，他在时装设计方面取得的最大成就——这都源自于伊西看到了他的潜力。日后，当我们回顾麦昆的职业生涯时，不可能不把她视为最强大的动力。

↑ 淡粉色的蛇皮鸡尾酒裙，灵感来自一条18世纪的三角胸衣和衬裙套装，裙身上充满现代感的角度又被悬挂在身体上的几何形金属颈饰所强调。

↑ 缀有黑色小亮片的鸡尾酒裙，看上去十分干练。与之搭配的是一顶菲利普·崔西设计的头饰，带有异想天开的曲线。T台的入口用灯光做成了翅膀的造型。

↑ 环状领的材质看上去像是蓝色和黄色金刚鹦鹉的羽毛，雪纺连衣裙上则印满了羽毛图案。这一件单品充分体现了伊莎贝拉·布罗设计中的勃勃生机，和她对于尽可能夸张的装扮的热爱。

住在树上的女孩

The Girl Who Lived

in the Tree

2008—2009 秋冬

✳

在"蓝色夫人"之后，麦昆和珠宝设计师肖恩·利尼一起去印度度了一个月的假，在此期间，麦昆成为了佛教徒。这趟旅程同样还令他更加深刻地认识了光线、色彩，以及印度在英国殖民地时期对于英国的时尚和装饰风格所造成的影响。在这般愉悦的心境中，麦昆为下一季的服装创作了一则童话故事。当他在自己位于苏塞克斯的花园里盯着一棵有 600 年历史的古树看时，他幻想着有一个女孩就住在树上。"她是一个住在树上的野生女孩。"他说，"当她决定要下到地面时，她就变成了一位公主。"有多少人还相信童话故事？看上去，"堕入爱河"最能令他开心 [44]。这份天真与"知道太多的人"系列中那个"表现出色的年轻人"格格不入，他似乎又回到了在卧室墙上画穿着蓬蓬裙的灰姑娘的小男孩。（见 VI 页）

2008 年 2 月 29 日，"住在树上的女孩"发布会在巴黎贝尔西综合体育馆举办。长方形 T 台的正中间有一棵树，包裹在丝绸薄纱之中，

← 达芙妮·吉尼斯（Daphne Guinness），迈克尔·罗伯茨（Micheal Roberts）拍摄于 2008 年 8 月，刊登于《名利场》杂志。在麦昆的想象中，一个女孩从他住于苏塞克斯东部的花园里的一棵老树上下来，被一个王子搭救后，一起过上了探险的生活。媒体和观众都很喜爱这段浪漫的童话故事，而这个系列中也包括了多件麦昆所设计过的最精致的单品。红色丝绸外套的袖口处布满了弹带形褶裥，整体廓形如同雕塑，呈现出充满喜剧性的视觉效果。

像是保加利亚艺术家克里斯多（Christo[1]）的装置。模特们的头发都被倒梳得十分蓬松，并涂上了油漆，穿着1830年代的黑色芭蕾舞短裙站在那儿，就像是现代版的玛丽·塔里奥妮（Marie Taglioni[2]）。与芭蕾舞裙搭配的是黑色自行车夹克、收腰外套和一件带有围脖的裹身外套。当树上的女孩遇见王子后就开始变身，穿上一件枪灰色带有彼得潘领和泡泡袖的塔夫绸花苞裙，头上站着一顶孔雀头饰。接下来是一系列斜裁格子或黑白主题：连衣裙、西装、皮质自行车裤以及礼服外套，营造出摄政时期的着装风格。紧随其后的是三条黑色长连衣裙，其中一条绘有树的图案，另一条在芭蕾舞裙的白色薄纱之外罩着一层精致的黑色蕾丝，编织成一对雄性孔雀图案。与其他穿着高跟鞋的模特不同，这些模特穿着印度风格的平底便鞋，稳健地走在 T 台上。秀场的灯光暗下又重新亮起之后，终于出现了彩色：三条摄政时期风格的裙装外套上面装饰着金色的穗状花纹，让人想起威灵顿公爵（他曾经也是吉布斯和霍克斯的顾客）。这些外套罩在白纱裙外，象征着女孩披上了爱人温暖的外套。突然，年轻的伊丽莎白二世出现了，身穿一条带有英国国旗图案的朋克风格拖地长裙。向四周鼓出的裙摆轮廓让人想起早年间诺曼·哈特奈尔爵士（Norman Hartnell[3]）为女王设计的沙漏廓形服装，既奢华又前卫。有两条连衣裙覆盖着层层染色的羽毛；另一条连衣裙的上半身镶嵌着红色的水晶，波蕾若短外套背面的褶皱攒成了两朵玫瑰。

麦昆应该在纪梵希就设计白色薄纱帝政线连衣裙，这一系列证明了他在伦敦工作室里也能创造出精彩的造型。就在发布会的同一天，他第一次宣布自己的公司已经开始赢利。

1.克里斯多·加拉谢夫（1935— ）出生于保加利亚，后加入美国籍。他专门创作壮观的波普作品，如将建筑物包裹起来、在公共场所安置数百个油桶等。（译者注）
2.玛丽·塔里奥妮（1804—1884）法国芭蕾舞女演员，1832年在芭蕾舞剧《仙女》中扮演森林仙女。（译者注）
3.诺曼·哈特奈尔（1901—1979）英国老牌时装设计师，曾是英国女王伊丽莎白二世的御用裁缝。1923年开创自己的女装沙龙，这是英国时装史上的一个高级定制沙龙。（译者注）

自然差异，非自然选择

Natural Dis-tinction

Un-natural Selection

2009 春夏

✳

麦昆的创作主题总是与自然密不可分。随着创作的成熟，他自然而然地开始思考人类对自然的破坏，而在他突然去世之前的最后三个系列中，都体现出了这一点。在 2009 年春夏系列发布会的邀请函上是他的侄子盖瑞·詹姆斯（Gary James[1]）的插图，麦昆的头像渐变为了一个骷髅。这次发布会于 2008 年 10 月 3 日举办，灵感来自达尔文的《生命起源》与"适者生存"论。在达尔文生活的时代，无论陆地上还是海洋中，都还有未被人类打扰的处女地。2008 年 11 月 26 日，英国政府为了应对生物多样性危机而引入了气候变化行动计划。[45] 与此同时，导演詹姆斯·卡梅隆正在制造他的电影《阿凡达》（2009），这部电影所反映的也是人类侵袭自然栖息地所造成的恶果。麦昆通过服装设计这一他唯一擅长的方式来探讨我们的星球所面临的威胁。他在秀场中用投影仪投射出一个旋转着的地球，还在 T 台后面放上了动物标本：一只老虎，一只北极熊，一只狮子和一只长颈鹿。

---

1. 盖瑞·詹姆斯·麦昆，亚历山大·麦昆的侄子，面料图案设计师、摄影师。（译者注）

前 页 图　这件白色丝绸网连衣裙的长度刚刚及膝，胸衣上镶嵌着一块透明布料，上面绣着白色的骷髅，周围环绕着一圈撒橄榄叶贴花，一直延伸到领口。骷髅下方有一个精致的贴花蝴蝶结。

所有典型的麦昆元素都聚集在这一系列中：被夸张的臀部、窄腰、轮廓分明的肩部、礼服外套和茧形轮廓。麦昆的新尝试是在面料上大量运用了数码印花技术，然后通过裁剪和塑形让图案天衣无缝地对接。这一技术在一年后的"柏拉图的亚特兰蒂斯"系列中臻于完美，这也成为了麦昆对时尚界最重要的贡献之一：把21世纪的科技与传统的工艺结合在一起，形成全新的装饰技术。发布会第一部分中的作品关于未受侵扰的大自然：奶油、咖啡和牛奶咖啡色系的连衣裙、礼服外套和裤子，上面印着木头的纹理。紧跟其后的是长度刚到大腿的黄色和粉色连衣裙，在层层裸色的丝绸之间夹杂着樱桃花和苹果花的图案。连衣裙的胸衣处紧紧系着皮质绑带，与之形成强烈对比的是泡泡裙、公主袖，以及印着精致的植物细节的奶油色丝绸。接下来的服装以鸟类为主题，麦昆极富创造力地将垂落的布料边缘处理得像是巨大的羽毛，围绕着模特的身体，随着她们的步伐轻轻拂动。惊艳的热带雨林色系伴随着盔甲领连衣裙一起出现，接着转为黑白和黑色，那是两条恋物癖风格的皮装。最后四个造型包括了连衣裙和连体衣，缀着上千颗施华洛世奇水晶，用一种僵硬的形式勾勒出模特的女性身材，这象征着"不可抗力"，也就是"非自然选择"。

整场秀的高潮出现在最后，麦昆身穿一身兔子装出现在T台上，打扮成英国导演尼克·帕克（Nick Park）和史蒂夫·博克斯（Steve Box）的电影《超级无敌掌门狗：人兔的诅咒》（*Wallace & Gromit: The Curse of the Were-Rabbit*）（2005）里的变异兔子。这部欢乐的影片讲述的就是一次基因工程事故带来的灾难（为女主角风铃草·陶廷顿Campanula Tottington女士配音的是麦昆的好朋友、英国女演员海伦娜·邦汉·卡特Helena Bonham Carter）。可以断定的是，从麦昆乡下家里的窗子望出去，一定能看到许多蹦跳的兔子。他就是在那里避开喧嚣，给自己一段"空白"来思考。从讲述住在树上的女孩的故事到思考整个星球的生存状态，麦昆又进了一步。

克莱尔·罗伯森（Claire Robertson）摄于麦昆的工作室与发布会后台，麦昆和工作人员正在缝制和试穿镶嵌了水晶的服装。四条镶嵌施华洛世奇水晶的服装在整场秀的最后出场，寓意着人类在追寻那些闪闪发光的物质同时，也与自然渐行渐远。然而，只有适者生存。

↓　→　在麦昆的工作室，两名助手正在分别往连衣裙和鞋上缝制施华洛世奇水晶。

↑　麦昆正在帮模特拉奎尔·齐默曼（Raquel Zimmerman）试穿一件镶嵌施华洛世奇水晶的迷你裙。

→　拉奎尔·齐默曼在发布会开场前检查妆容。

1998 年，娜佳·施华洛世奇（Nadia Swarovski[1]）通过伊莎贝拉·布罗的介绍第一次见到麦昆，从此就一直与他的品牌保持合作。

"2009 年春夏的那次合作至关重要，影响很大。因为那远不止是往衣服上镶嵌水晶，这是有目的的，是整个故事的一部分。这一切都归功于伊西。他为时尚带来了一场革命。"

*　娜佳·施华洛世奇

→ 印着树木纹理的长大衣与超低腰露臀裤，内搭一条几乎透明的上衣，上面绣着白色的野花和野草。这一系列的主题是关于大自然和未遭破坏的栖息地。

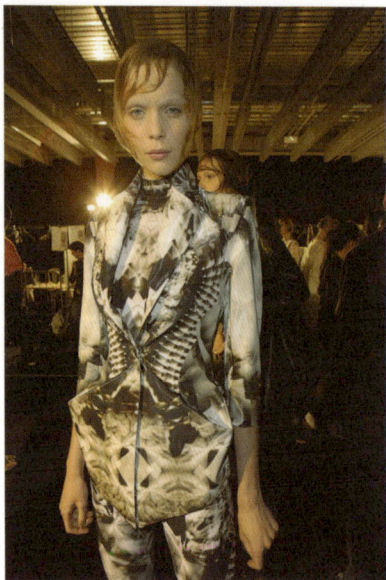

← 荷兰超模金·诺达（Kim Noorda）穿着的这件西装上用数码印花和牛仔水洗技术做出变形的海洋生物图样。上衣翻领旁的弹夹纹样增强了服装的 3D 立体效果。

↑　这条披风的灵感来自于魔鬼鱼，具有宝塔肩、深翻领和圆角下摆。里面是一件用鱼皮做的连体衣，而在外套的后背正中央也镶嵌着一条鱼皮与之呼应。可以从袖子和后背看见自然的鱼鳞。

丰饶角

The Horn of Plenty

2009—2010 秋冬

✳

根据麦昆的说法，"丰饶角"是对时尚界本身那份过时的回应。他曾说过，他希望自己的衣服被人好好存留，作为遗产一代代传承下去。但是就在那个月，他的平价副牌 McQ 在美国中西部的 250 家塔吉特（Target）超市上架，他随之也意识到自己终于也成为了致使大众市场饱和的一员，因此他"对自己感到不满"。[46] 那一季，光是在伦敦时装周上就有 66 位设计师举办发布会，与此同时，2008 年 9 月随着雷曼兄弟公司破产而引发了经济颓势。麦昆觉察到了二者之间的危机："现在的剧情实在太老套了。时尚是如此瞬息万变，时装简直是用后即弃，我觉得这就是造成问题的关键之一。人们没有长性。"

在另外一个层面上，这次发布会也具有自传性质："丰饶角"（The Horn of Plenty）是伦敦一家酒吧的名字，开膛手杰克的最后一名受害者玛丽-简·凯利（Mary Jane Kelly）在遇害前最后一次被人们看见就是在那里。因此这个名字也意味着即将发生的灾难。为了对时尚业的过度生产表明立场，麦昆回顾了自己之前的几个系列。人们从中看见了他对时尚界极尽奢侈、招致困厄的谴责，但如果把这个系列与他前后几个系列比对着看，又能看出更多的寓意。这次发布会于 2009 年 3 月 10 日

← 麦昆讥讽了传统的法国时装屋，他们总是重复搬出同样的理念，比如说千鸟格就是 Dior 的经典招数，而麦昆令这些千鸟格渐变成为了鸟的图案，恰好回顾了他自己之前的"群鸟"系列。

举办，主题是消费主义，并呈现出了自他的伦敦岁月后久违了的戏剧性视觉效果。这场秀，只能用"强悍"来形容。

开场的一系列服装是麦昆戏仿 Dior 的"新风貌"（*New Look*），接着麦昆又通过对其他设计师的一连串模仿来讽刺时尚业中的同行相争。同时出现在秀场中的，还有菲利普·崔西设计的一系列惊人而惊艳的帽子，其中混合了塑料袋、垃圾桶盖子、易拉罐和伞。与这些帽子相配的，是麦昆对于波烈（Poiret[1]）、纪梵希，以及"群鸟"系列的模仿，其中大量使用了塑胶元素。他还通过漫画印花回顾了"旋转木马"系列。模特们都化着表演艺术家雷夫·波维瑞式的妆容：涂白了面孔，遮住了眉毛，画着长方形的血盆大口。她们夸张地迈着变装皇后般的步伐，让每一身造型看上去都不同凡响。整场发布会最具有麦昆风格的，是他对产品的惊人掌控力；虽然他意在嘲讽 Dior，但还是达成了拜占庭风格式的奢华感，系列中的每一件单品都极其鲜明。"自从来到伦敦之后我还没这么拼命过。"他告诉《纽约客》杂志，"我认为想要打安全牌本身就极其危险，因为你最终会迷失在开司米两件套里。人们想要的不是衣服——她们想要的是那些能激发想象力的东西。" [47]

1. 保罗·波烈（Paul Poiret, 1879—1944），20 世纪法国巴黎的时装大师。（译者注）

↑　菲利普·崔西设计的这顶帽子由简单的白布制成，灵感来自于14世纪和15世纪勃艮第人在法庭上所戴的头巾。而模特身穿的这件衣服上，复杂的褶皱令千鸟格图案变得混乱不堪。在嘲讽人方面，麦昆从不手下留情。

柏拉图的亚特兰蒂斯

Plato's Atlantis

2010 春夏

✳

这场秀讲述的故事就好像是"树鸭"系列中的沉船女孩游向了海底深处，发现了传说中的亚特兰蒂斯王国，嫁给了海王子拿摩（美国漫威出品漫画中的变异海底人）。麦昆的 2010 年春夏系列中充满了大量的明亮色彩与浪漫幻想，正符合他的双鱼座本性，而且其中的一些灵感，甚至要追溯到他小时候在家旁边游泳池游泳的时光。这一系列所表达的故事发生在未来世界，"在那里，冰盖全部融化，造成海平面上升，陆地上的生物必须进化以便于在海底生存，否则就要灭亡。我们都来自于海洋，但是现在要借助干细胞技术回到海里，以谋求生存。"——换句话说，达尔文的进化论要倒行了。"柏拉图的亚特兰蒂斯"系列是关于人类以另一种方式重生，设计灵感主要来自于海洋和两栖动物。这两种元素已经在麦昆早期的系列中出现过多次，但这次的重头戏在于全新的印花技术。

发布会于 2009 年 10 月 6 日举行，麦昆原本打算通过尼克·奈特的个人视频网站 SHOWstudio.com 直播，因此 T 台上搭建了两道摄像机滑轨。秀场大屏幕上展示着尼克·奈特拍摄的短片，赤裸的拉奎尔·齐默曼四仰八叉地躺在海滩上全身心拥抱自然，身体上覆盖着扭动的蛇。这一切都没有问题，问题出在 Lady Gaga 身上。Lady Gaga 是麦昆的最新拥趸，她打算在麦昆的发布会现场发布自己的新单曲，并在开场

← 模特泰舒培穿着"犰狳"鞋，以及一条印有蛾和鱼渐变图形的丝质连衣裙，外罩一件激光切割出六角形图案的锁边皮马甲，蛇皮腰带的前后都装饰搭扣，手拿真皮手包。右边的模特伊莫金·莫里斯·克拉克（Imogen Morris Clarke）穿着一件飞蛾图案的连衣裙，胸衣部分镶嵌真皮，臀部和肩部采用折叠和褶皱塑造出夸张廓形，"犰狳"鞋上遍布六边形花纹。

前半小时在推特上公布了这一消息。于是成千上万她的粉丝瞬间涌入SHOWstudio.com，网站崩溃了。说起来很辛酸，麦昆的最后一次发布会原本可以现场直播，成为在他去世后"现场直播发布会风潮"的引领者。

模特们的妆容就像是用歌声吸引水手的海底女妖塞壬，头发在头顶紧紧盘成锥形，或是编织成野蛮人的号角形，又或者是编成古希腊女神式的小辫。眉毛都被粉底盖住，眼睛被加长，成为一道狭缝，上面覆盖着粗粗的一道眼影。这次的服装延续了2009年春夏的复杂结构，通过裁减和塑形把布料上的印花精密地对接起来。这一次的图案中包括扭曲的水母、飞蛾、鱼和蛇皮花纹。一只海龟从一条连衣裙的前襟处浮现，一条原始的鱼从另一条的胸衣部位向外张望。罩着裙撑的臀部曲线被鱼鳞般的珐琅亮片进一步强调。这些设计都是在自然中伪装自己的绝佳方法，也是"沃斯"系列中所用到的热成像技术的更环保版本。T台上的色彩渐渐从金色、绿色和植物的棕色，转变为蓝色和从海底往上看阳光照射进来的水绿色。还有铜绿色的塔夫绸马裤和连体衣，以及两件灰色羊毛夹克，衣服前部的裁剪就像一道流动的曲线，罩在"水母"裙外面，如同不锈钢般闪闪发光。

这一系列中的鞋子也具有革命性的意义："犰狳"鞋看上去像是芭蕾舞者般永远踮着脚，而同样令人头晕目眩的"外星人"凉鞋，灵感来自漫画家H.R.吉格尔（H.R.Giger[1]）及著名的同名科幻电影《异形》（1979），这一故事发生在未来，但这个未来情况远比麦昆的版本要残酷得多。最后，一条"水母"裙搭配紧身裤袜出场，珐琅亮片在光线下不停变幻着颜色，再加上困在"犰狳"鞋里的双脚，这让模特的身体看上去不似真人。这个超凡脱俗的系列足以证明，麦昆可以实现他多年前还在做裁缝学徒时的雄心壮志：把时尚带进一个前所未有的境界。

---

1. 汉斯·鲁道夫·吉格尔（Haus Rudolf Giger, 1940—   ），瑞士著名超现实主义画家、雕塑家，以及设计师。漫画版《异形》的作者。（译者注）

前 页 图 麦昆的“水母”裙和裤，上面点缀着五彩斑斓的珐琅亮片，刻意磨破的部分也点缀着珐琅亮片。在T台上，这一身造型搭配着“犰狳”鞋，象征着麦昆早年为卡门·阿蒂加斯画的美人鱼（见30页）。模特的头发上装饰着海草，珐琅“鳞片”折射出蓝绿色调的光芒。她是海神波塞冬的女儿。乔什·奥林斯（Josh Olins）摄于2010年。

↑ 点缀着串珠和蓝白色珐琅亮片的丝绸印花连衣裙。“柏拉图的亚特兰蒂斯”用一种温柔的方式把女性塑造为一种神秘的杂交生物，比“外面的世界很危险”（It's a Jungle Out There）系列中的形象更加光彩夺目。她们不再是都市梦魇中致命的性感尤物，而是自深海深处而来的温柔生物。

后 页 图 麦昆想要表达的意思是：随着气候的变化和北极冰盖的消融，“海底人”又回到了水底世界。因此他的这一系列被命名为“亚特兰蒂斯”，服装上的图案都是水底生物，模特都化身为被珊瑚围绕着的鱼类。左边为一条印着珊瑚图案的丝绸连衣裙，点缀着金色亮片；右边为一件灰色的连衣裙外套，波浪状的边缘与内搭的连衣裙相配。

VI

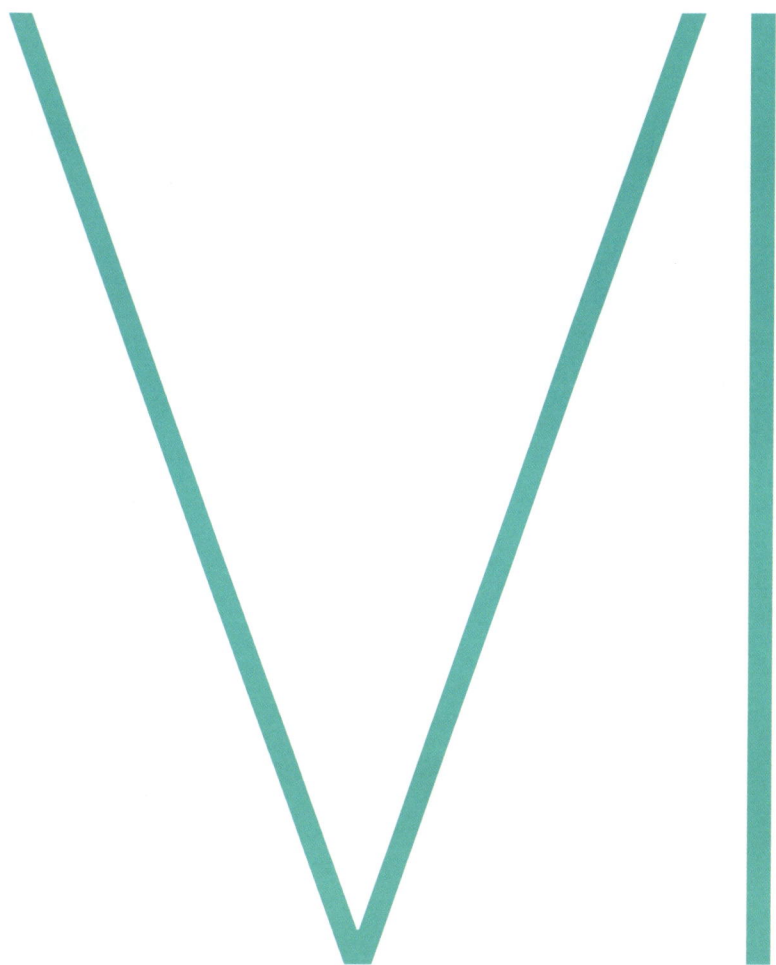

最 后 的 时 光 与 遗 产

2010 年 2 月 11 日，李·麦昆结束了自己的生命，就在他心爱的母亲去世后 9 天。2008 年时，她被诊断出患有癌症。乔伊斯·麦昆对她儿子杰出天赋的形成产生了巨大的影响；通过研究家谱，她爱上了历史，并产生了强烈的身份感，这让麦昆深深感到，任何事都是有可能的。他称她为他的"石头"；她还是他的避难所，"萨拉班德舞曲"系列中那些被他描述为"母性的"、再一次挑战当代时尚美学概念的膨胀廓形也是在向她致敬。她死于 2010 年 2 月 2 日。麦昆曾在 2004 年的《卫报》上说，他最大的恐惧就是在她之前而死。

母亲的死对麦昆来说是毁灭性的。9 天后，在乔伊斯葬礼的前一天，他在自己位于伦敦梅菲尔区格林街的公寓上吊自杀。他的遗书被保存在艺术家沃尔夫·冯·伦科维兹的"人类的衰落"系列里，除了以下这些文字之外，其他细节始终是个谜，"请照顾我的狗。抱歉，我爱你们。李。又及，把我埋在教堂里。"

2 月 25 日，人们在骑士桥的圣保罗教堂为麦昆举行了一个非公开的葬礼，随后在 9 月 20 日伦敦时装周期间，圣保罗大教堂又举办了一场追思弥撒。"圣保罗是举办一场时装秀的地方吗？"《每日邮报》提

前 页 图　一条浮雕式灰色装饰画风格的真丝雪纺长袍，色调是深深浅浅的灰色和黑白两色。裙身上用数码印花技术印上了天使，而在周围飞翔的鸟类也是典型的麦昆风格。曳地长裙分为多层，轻盈的面料让它们随着模特的步伐轻轻拂动。头饰由发暗的金色金属和羽毛制成。

◄　2010 年 9 月 20 日，在麦昆的纪念弥撒之前，他的朋友达芬尼·吉尼斯走上圣保罗大教堂的台阶。

出疑问。[1] 考虑到它的中央走廊曾被英王查理二世复辟时期的时尚先锋们以同样的目的占用过，答案会是一个响亮的"是的"。而麦昆，一个生于伦敦也长在伦敦的人，必将会为这样的纪念仪式而深表感激：在这座设计师深爱的饰有格林林·吉本斯橡木雕刻装饰的克里斯多佛·雷恩爵士（Christopher Wren[1]）杰出的巴洛克式辉煌建筑里，配着令人哀恸不已的比约克版《绝望的星期天》。

2010 年 4 月 28 日在对他进行尸检后，威斯敏斯特的验尸官保罗·科纳普曼医生录下了一份自杀裁定书，原因是"他心态的平衡被扰乱"。亚历山大·麦昆的精神治疗师斯蒂芬·佩雷拉医生，将客户的抑郁和焦虑部分归结于工作的压力：每年六场秀，两场不同季节的男装秀，两场女装秀，外加两次秀前预览。在工作之外，麦昆私下里的研究也令他抑郁。"丰收之角"发布会 T 台上的碎石堆、"柏拉图的亚特兰蒂斯"中表现的逃离主义和麦昆在"自然差异，非自然选择"中对人类贪婪的质疑都体现出了他感受到的绝望。佩雷拉医生说，这一切都是在过去三年里发生的，而麦昆在过去一年里曾两度试图自杀。

"他显然因为自己的工作而压力重重，它是一把双刃剑，"佩雷拉说。"他认为那是生命中唯一让他感到自己取得了某些成就的领域。通常在一场秀过后他会感到一阵巨大的失落：与世隔绝之感，让他跌入谷底。"也许这些从创作的巅峰跌到抑郁的低谷的起落就是麦昆自己的"天使与魔鬼，"——他为自己最后一场秀选择的名字——而他从绝望中幻化而出的美、图像和意念，令他超越了大多数和他同时代的设计师。

他的家庭发布了如下声明："李是一个公众人物和一个创造天才，他生性慷慨、充满爱意又体贴。那些有幸结识李的人将会终生珍视与他有关的回忆。李也是一个被深爱的兄弟和儿子，我们都极度想念他。我们将竭尽全力保存关于他的一切回忆。"

1. 克里斯多佛·雷恩爵士（1632—1723），英国天文学家、建筑师。1666 年 9 月伦敦大火之后，担任灾后复兴委员会的委员，重建了包括圣保罗大教堂在内的 51 座教堂。（译者注）

天使与魔鬼

Angels and Demons

2 0 1 0 秋 冬

✳

在麦昆过世的一周后，古驰宣布与亚历山大·麦昆的合作不会终止，并将于巴黎时装周期间以小规模的形式向特定观众展示他 2010 — 2011 年的秋冬设计。过世前，麦昆为这一季秋冬的 16 款设计亲自操刀剪裁并处理褶皱，而成衣最终由他的首席女装设计师莎拉·波顿带领其设计团队制作完成。发布会选址于 PPR 集团总裁兼首席执行官弗朗克斯·皮诺特（François Pinault）历史悠久的别墅。这是首个没有麦昆上台致意及解读内涵的女装系列。服装只能靠着自身的生命力来传达麦昆的设计理念。这次发布会把服装放置在以金色和白色为主调、繁复华丽的洛可可时期风格的环境中，让每一件单品都如同珍宝。发布会于 2010 年 3 月 9 日和 10 日举办，邀请的来宾还不到十位。

曾有一位记者问麦昆"柏拉图的亚特兰蒂斯"的灵感来自何处，麦昆略带嘲讽地说，"来自维基百科"。波顿说，自从上次直播发布会的尝试以失败告终，麦昆逐渐离开互联网技术，转而专注于手工艺制造。就像他在"外面的世界很危险"及"乔安"系列中所做的那样，他又开

← 被染成金色的鸭子羽毛外套，里面是白色真丝刺绣裙。英国时尚评论家莎拉·摩尔指出，"天使与魔鬼"系列与他在纪梵希设计的第一个系列联系密切，只不过这一次麦昆更加谨慎，不再那么浮夸。在设计这一系列时，麦昆大量参考了他最爱的历史时期，北欧文艺复兴时期的艺术品，其中所体现的审美、光线和丰富的叙事主题为他带来了灵感。

始从意大利文艺复兴时期的艺术作品中寻找灵感，比如将雨果·凡·德·高斯（Hugo van der Goes[1]）、汉斯·梅姆林[2]、让·富盖（Jean Fouque[3]）和希罗尼穆斯·博施（Hieronymus Bosch[4]）等艺术家的画作转化为印花，或是以拜占庭时期的狄奥多拉皇后（Queen Theodora[5]）画像为灵感设计刺绣和珠宝。麦昆将博施的名画《人间乐园》（*The Garden of Early Delights*）印在丝绸裙上，上身搭配一件点缀着金色亮片、黑色刺绣及视错画的长袖马术服，内衬一件及臀的盒褶黑丝裙。另一件则是单肩丝织连衣裙，上面印着放大版的祭坛装饰画，与裙摆处的金色哥特式拱门呼应；右侧裙摆被提高到臀部，正好露出缀着金色鸭子羽毛的衬裙。

另外两件作品则是以灰色和白色为基调的真丝连衣裙，麦昆效仿灰色装饰画的技法，画上了天使和他们巨大的羽翼。金色的鸭子羽毛外套显然是想诠释鸟类或是天使的形象，衣领巧妙地修饰脸型，紧身上衣将上半身勾勒出柔美的沙漏型，相配的白色真丝薄纱曳地长裙，上面也点缀着金色刺绣。作为"柏拉图的亚特兰蒂斯"系列的衍生，金银两色高跟鞋的鞋跟是天使的形状，张开的双翼以浮雕的形式围绕鞋底，鞋身上还点缀着五彩宝石与串珠衬托脚踝。这一系列中的红色连衣裙包含了金色亮片刺绣和高饱和度的色彩，十分吸引眼球。这一系列与罗密欧·基利的1990年秋冬系列有着千丝万缕的关联，特别是其中两件分别是红色和蓝色的夹克。1990年时麦昆进入罗密欧·基利的工作室和他一起工作，当时这两件夹克应该就挂在陈列室里。衣服的创意灵感来自于15世纪的意大利人，点缀着金色叶片与菠萝图案。这一系列"创意的源头远不仅来自于中世纪精神……这是魔法。"罗密欧·基利说。[2] "天使与魔鬼"虽说是一个未完结的系列，但是它饱含了麦昆与罗密欧·基利

1.雨果·凡·德·高斯（1440—1482），尼德兰南方著名画家。（译者注）

2.汉斯·梅姆林（1430—1494），荷兰画家。（译者注）

3.让·富盖（1420—1480），15世纪法国著名画家，以肖像画和圣书插图画而闻名于世。（译者注）

4.希罗尼穆斯·博施（1450—1516），荷兰画家。（译者注）

5.狄奥多拉皇后（500—518），拜占庭帝国查士丁尼王朝皇帝查士丁尼一世的妻子和皇后。（译者注）

所坚信的魔法真谛。

　　麦昆本来可以用任何形式来呈现"天使与魔鬼"系列，但最终这一系列被放在了静谧、亲密的气氛中。这样的场景设置浓缩了设计师在闲暇时逛画廊的兴奋之情，以及他灵感被点燃的那一刻。这些想法其实早在1992他进入中央圣马丁时就已经产生了。当然，这也可以被视作是在向伊莎贝拉·布罗致敬。而这一切的背后都离不开他母亲的鼓励与支持。丧母之痛，麦昆无力背负。

后　页　图　麦昆在他的办公室里，2004年。德里克·桑蒂尼为 ES 杂志摄。留意在他身后那面墙上来自各个艺术画廊和博物馆的明信片和照片。他从未停止过对新事物的好奇心以及对视觉艺术的探索。作为一名设计师和一个人，他总是在寻找新的理念和灵感。

在我们这些年轻助手中，李（用自己的风格）继承和发展了罗密欧的时尚观念，包括那些服装，那些女性形象和他设计出的发布会。他的那种时尚并非源自于街头，他理想中女人的美感并非源自于性感和都市性，而是来自于童话故事和其他历史时代。罗密欧和麦昆打造出的女人身上都带着点别的东西，一些精彩的、我们会在梦中见到的东西（虽然麦昆的有些设计对我们来说像是来自噩梦）。他们的妙手把扎根于女性潜意识里的神奇生物幻化为了当代时尚中的服装和配饰，人人都可以买来穿上。因此，我认为李·麦昆凭借直觉就能理解罗密欧的时尚理念，胜过我们中的所有人。

* **莉泽·斯特拉斯迪**

←　白色曳地长裙的细节。衬裙是一条白色平纹细布褶皱连衣裙，褶皱堆积在脖子和臀部。外罩的礼服挂在肩膀的边缘，后部是露背设计，并在腰后固定住，下面是细纱的裙撑。礼服裙带有金丝和水晶编织成的花朵和叶片纹样花边。这身造型采取了麦昆最爱的廓形，具有西班牙画家马里亚诺·福尔图尼（Mariano Fortuny[1]）的风格，同时令人想起波提切利的《春》。

后　页　图　左　真丝织锦外套，在猩红色的布料上绣着传统西藏风格的老虎，内搭金丝编织的内衣，以及防水台上也装饰着金丝的高跟鞋。在伊莎贝拉·布罗去世后，麦昆成为了佛教徒；而在西藏神话中老虎代表着力量和平衡的精神，但在这里主要还是起到装饰作用。

后　页　图　右　单肩真丝连衣裙，上面印着史蒂芬·洛赫涅（Stephan Lochner[2]）的三联绘画《城市守护人祭坛》（约1442年），裙底露出覆盖着金色灰鸭毛的衬裙。模特头上戴着一顶莫希干式的羽毛头饰，脚穿一双装饰着五彩宝石和串珠、带有防水台的高跟鞋。连衣裙上图案的印制十分精确，后哥特风格的拱门正好环绕身体一周，胸前的圣格伦和追随他的殉道者们以及左肩的十字架，也都展示出麦昆在剪裁和褶皱方面的熟练技巧，而丰富的色彩则与"柏拉图的亚特兰蒂斯"系列一脉相承。

1. 马里亚诺·福尔图尼，1871年出生于西班牙格拉纳达。除了画家外，他还身兼布景设计师、摄影灯的发明者、家具设计师以及摄影师等工作，并从40岁开始设计服装。他的褶皱工艺对时装界影响深远。（译者注）
2. 史蒂芬·洛赫涅，德国科隆画派画家（1430—1451），作品带有细腻感情的柔和的抒情味。（译者注）

2010 年 5 月 27 日，莎拉·波顿（Sarah Burton）被任命为 Alexander McQueen 的新任创意总监。在辅佐过世的李·麦昆十六年后，波顿令 Alexander McQueen 这个品牌变得更加柔和。她主持的每季发布都经过仔细考量的，曾经带来冲击和令人震惊的东西都不复存在。布罗的看法是正确的，她认定麦昆的才华独一无二，因为他的作品带有自传性，是某种不能被复制的东西。确实，2011 年 5 月 4 日至 8 月 7 日在纽约大都会博物馆举行的"亚历山大·麦昆：荒蛮之美"（Alexander McQueen: Savage Beauty）回顾展接待的 661509 名观众都见证了这位设计师的时尚观念：时尚是手工艺，是戏剧化，也是自身经历的投射。

在 2003 年获得大英帝国司令勋章后，麦昆在中央圣马丁学院的演讲中特别向博比·希尔森致敬，这个有时会被他称作"第二母亲"的人。如果没有她对他潜在天赋的无条件理解，并且无视规则为他在圣马丁的时装硕士课程中提供一个名额，他将会花上更长时间才能成功，甚至也许将永远不会实现他的潜能。根据他的意愿，麦昆设立了一个名为"萨拉班德舞曲"的信托基金，一部分将用于资助负担不起学费的有天赋的英国学生，因为读时装设计对许多年轻人来说都是一笔不小的花费。李·麦昆希望看到能有更多英国时装天才涌现。而这也是他在自己现存的作品之外留下的另一笔遗产。借用他的朋友西蒙·昂格莱斯的话，"李是一个忠实的、真正的朋友，他在更大的层面上也具有重要的影响。"

→ 金色刺绣的白色和金色晚礼服，下摆处用金线绣出一片草地，上身也通过金色刺绣勾勒出紧致的线条。这是莎拉·波顿在 Alexander McQueen 任职期间的设计。索威·桑德波（Solve Sundsbo）摄影。

↓　Alexander McQueen 2011 年春夏系列，莎拉·波顿作为麦昆的继任创意总监后交出的第一季主要成衣系列。灰色鸭毛与鸵鸟毛的礼服，略带淡紫色。这是整场发布会的最后一件作品，与麦昆的设计在材质和形状上有明显的联系。通过延续"天使与魔鬼"系列中所使用的灰鸭毛，清晰地体现出麦昆那种富有个人风格的美学。达芙妮·吉尼斯在一年一度的大都会艺术博物馆慈善舞会上穿上了这条裙子，"亚历山大·麦昆：荒蛮之美"回顾展也正是在这场舞会上开幕。

永远也不会有像他这样的人了⋯⋯

我在电话上听到它（那些秀）、听见李，

听见所有人。

有过那么多的冲突，

但我们有过最美好的笑声。

他是我最亲爱的朋友。

我如此想念他。[3]

★

凯特·莫丝

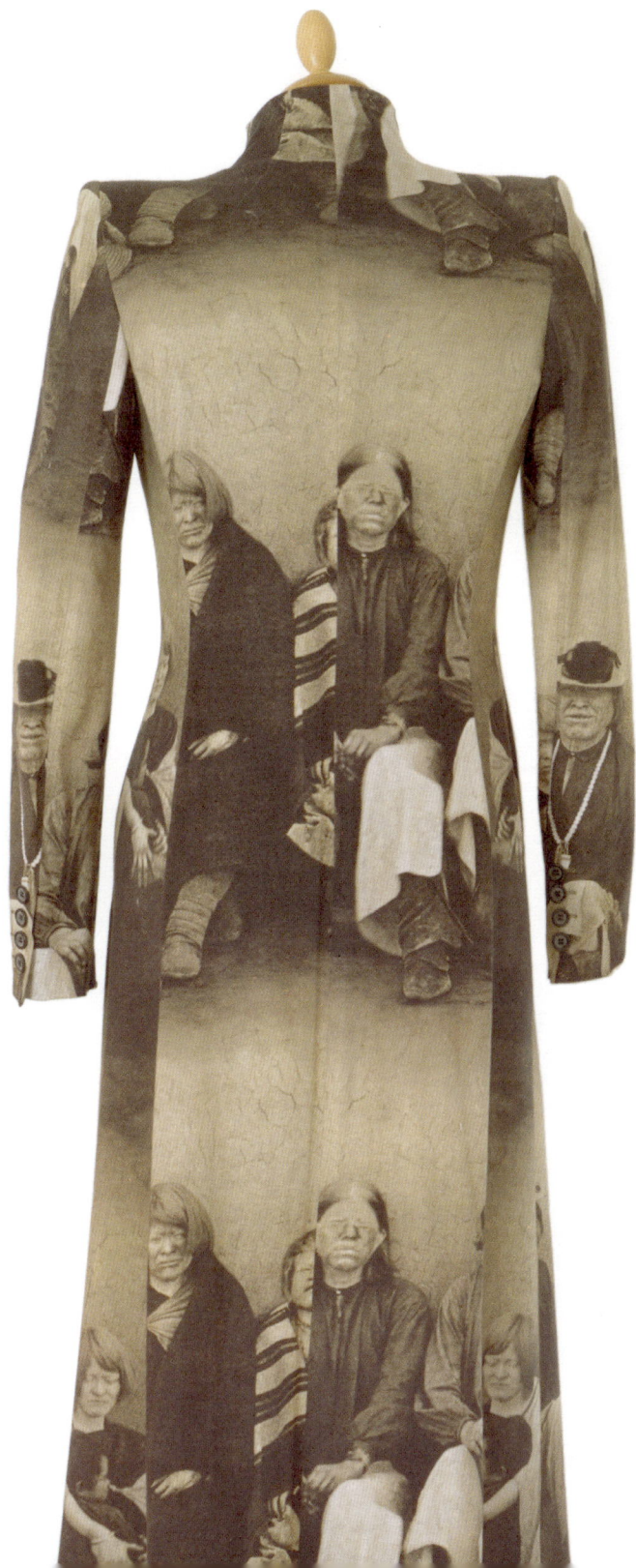

注：All references to *Vogue* magazine throughout the book are to the British edition unless otherwise stated.

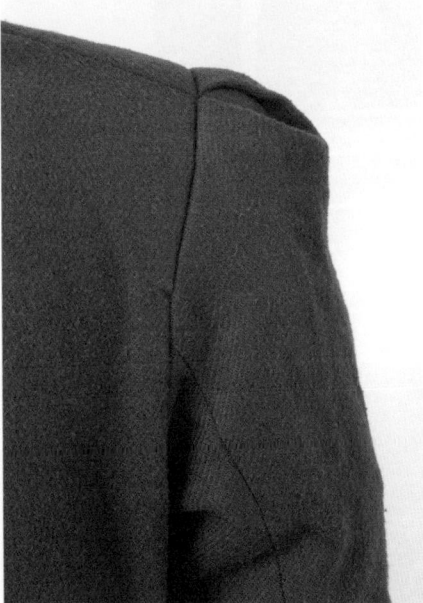

Note

All references to vogue magazine throughout the book are to the British edition unless otherwise stated.

引 言

*

[1] Frankel, Susannah."The Real McQueen," *Independent* fashion supplement, September 18, 1999.

[2] Pendlebury, Richard."The Inspiring Truth about the Self-Style Yob of Fashion," *Daily Mail*, January 30, 1997.

[3] Foley, Bridget. "The Alexander Method," *Women's Wear Daily*, August 30, 1999.

第 I 章

*

从萨维尔巷到中央圣马丁学院

[1] Brampton, Sally. "London: International Influence," *The Fashion Year*, Zomba Books, 1983.

[2] "London Letter," *Vanity Fair*, February 1926.

[3] Interview with author, January 20, 2012.

[4] "McQueen: The Interview," *GQ Magazine*, May 2004.

[5] Mayfair had specialized in men's fashion since the early seventeenth century when a shop selling "piccadills" (the structure supporting ruffs) gave its name to Piccadilly.

[6] Samuel, Kathryn. "New Kid on the Block," *Daily Telegraph*, February 24, 1994.

[7] Webb, Katie. "Alexander McQueen," *Sky Magazine*, March 1993.

[8] Interview with the author, *For Him Magazine*, 1988.

[9] Nathan's, based in Camden Town, had costumed Joseph L. Mankiewicz's blockbuster *Cleopatra* (1963), starring Elizabeth Taylor (later cited as inspiration for the makeup in McQueen's A/W 2007 show and Tony Richardson's *Tom Jones*, 1963).

[10] Samuel, Kathryn. "New Kid on the Block," *Daily Telegraph*, February 24, 1994.

[11] Webb, Katie. "Alexander McQueen," *Sky Magazine*, March 1993.

[12] Nieswand, Nonie."A chrysalis of a cape, a fishscale skirt … the designs of Koji Tatsuno are True to Nature," British *Vogue*, February 1992, p.153.

[13] Tatsuno, Koji, biography, kojitatsuno.com.

[14] Hume, Marion. "McQueen's Theatre of Cruelty," *Independent*, October 21, 1993.

[15] Frankel, Susannah. "The Real McQueen," *Independent* fashion supplement, September 18, 1999.

[16] The building was at 107-109 Charing Cross Road, on the edge of Soho. Founded in 1854, since the 1970s, the school produced some of the best fashion designers in the world, with its emphasis on art, creativity and individuality. Alumni not only included John McKitterick but also Bill Gibb, Bruce Oldfield, Katharine Hamnett, Rifat Ozbek, John Galliano and John Flett. Following the amalgamation of Saint Martins with the Central School of Art in 1991 it is now Central Saint Martins College of Art and Design, part of the University of the Arts London.

[17] *Guardian, G2*, May 30, 2003, p. 10.

[18] "British Style Genius" television programme, BBC, 2009.

[19] Ibid.

[20] *Time Out*, September 24-October 1, 1997.

[21] *Guardian, G2*, May 30, 2003, p. 10.

[22] Interview with the author, January 2012.

[23] Watson, Shane. "Mad as a Hatter," *Evening Standard,* July 1, 2002.

[24] Sharkey, Alix. *Guardian Weekend* magazine, July 6, 1996.

[25] MacFarquar, Larissa. "The Mad Muse of Waterloo," *New Yorker*, March 19, 2001.

引述:

p.10 "If you don't have a passion…" D'Souza, Christa. "McQueen and Country." *Observer*, March 4, 2001.

第 Ⅱ 章

*

早期的秀

―――――

[1] The Lethaby Gallery was at the old Central School of Art building in Southampton Row, London WC1.

[2] "Eagle Eye," *Time Out*, February 18-25, 1998.

[3] Spencer, Mimi. "McQueening It," *Vogue*, June 1994, p.125.

[4] Groves, Andrew, designer and course leader for BA Fashion, Westminster University.

[5] "Alexander McQueen, A True Master," *Women's Wear Daily*, February 11, 2012.

[6] Webb, Katie. "Alexander McQueen," *Sky Magazine*, March 1993.

[7] *Daily Telegraph*, March 7, 1993. The image of a feathered leather bustier over a wool bias-cut dress was
accompanied by the caption: "I believe in him," Alice says, " And he needs a hand. He has no money."

[8] Hume, Marion. "McQueen's Theatre of Cruelty," *Independent*, October 21, 1993.

[9] Armstrong, Lisa. "New Silhouette," *Vogue*, August 1993, p.87.

[10] "British Style Genius," television programme, BBC, 2009.

[11] Eventually, it did go on to label him as such in: Mower, Sarah. "The Bill Sykes and Artful Dodger,"
Independent.

[12] Hume, Marion. "McQueen's Theatre of Cruelty," *Independent*, October 21, 1993.

[13] Samuels, Kathy. "New Kid on the Block," *Daily Telegraph*, February 24, 1994.

[14] "Minty" comprised Richard Torry, Nicola Bateman (Bowery's wife) and Matthew Glammore. Much to
Bowery's delight, the *Sun* dubbed it, "the sickest band in the world." Raw Sewage was formed of Stella
Stein, Sheila Tequila and Leigh Bowery.

[15] "The Costiffs' inspiration for Kinky Gerlinky came from three areas. They loved attending Brazil's annual
carnival and wanted to bring a taste of it to London nightlife; they went to Susanne Bartsch's Copacabana
parties that were happening simultaneously in New York, which followed a similar formula to the one they
chose for Kinky Gerlinky, and they had been regulars at Leigh Bowery's infamous club Taboo that had run
in London from 1985 to '86. Yet the London scene of the 1980s had been cliquey and hierarchical until
House music arrived during the Summer of Love in 1988, at which point the greatly increased number
of revellers and their drugs severely undermined the old order. So, the core crowd of trendies at Kinky
Gerlinky was, by and large, more friendly than before. This, together with the Costiffs' philosophy of fun,
the good dance music, and at least 300 screaming queens of both sexes dressed up in drags, was what made
Kinky Gerlinky such a riot" — Dr Stephen Brogan, "Kinky Gerlinky," February 2012.

[16] Reeve, Ed. "Alexander McQueen," *Art Review*, September 2003.

[17] Called the most expensive shoot in *Vogue*'s history at a cost of around £80,000, this was the only time
Steven Meisel shot for the British issue. It launched the career of Stella Tennant, reintroduced the idea of the

aristocratic model and gave Blow a chance to get McQueen onto its pages (Goldstein Crowe, Lauren.

Isabella Blow: A Life in Fashion, Thomas Dunne Books, London, 2011, p.136).

[18] Spencer, Mimi. "McQueening It," "Spy," *Vogue*, June 1994. Samuels, Kathy. "New Kid on the Block," *Daily Telegraph*, February 24, 1994.

[19] "Alexander McQueen: 'The latest collection has sold extraordinarily well, I've never seen so many zeros. Maybe it's because the orders are in lire.' Mint-green cotton laminated dress, £250, Mules with rubber-band straps to order, from £600, at Pellicano," *Vogue*, February 1995.

[20] *Women's Wear Daily*, August 30, 1999.

[21] *Evening Standard Magazine*, March 10, 1995.

[22] McDowell, Colin. "Shock Treatment," *Sunday Times Style*, August 12, 1996.

[23] Joyce McQueen would no doubt have read historian John Prebble's *Culloden, 1962*, *The Highland Clearances, 1963* and *Glencoe: The Story of the Massacre, 1966*. "McQueen and Alexander McQueen, 'Meeting the Queen was like falling in love,'" *Guardian*, April 20, 2004.

[24] Frankel, Susannah. *Alexander McQueen: Savage Beauty*, Metropolitan Museum of Art, 2011, p.21.

[25] Veness, Alison. "Out to Shock with a Highland Fling," *Evening Standard*, March 14, 1995.

[26] *Sunday Telegraph Magazine*, September 22, 1996.

[27] *Evening Standard*, March 10, 1995.

[28] Sharkey, Alix. "The Real McQueen," *Guardian Weekend*, July 6, 1996.

[29] McDowell, Colin. "Divided We Rule," *Sunday Times Style*, October 29, 1995.

[30] Rumbold, Judy. "Alexander the Great," *Vogue Catwalk Report*, supplement in *Vogue*, July 1996, p.27.

[31] Casely-Hayford, Joe. Interview with the author, January 2012.

[32] "Alexander McQueen," *Sunday Times Style*, March 3, 1996.

[33] Menkes, Suzy. "The Macabre and the Poetic," *International Herald Tribune*, March 5 1996, p.10.

[34] Hoare, Sarajane. "God Save McQueen," *Harper's Bazaar*, June 1996, pp. 130 and 148.

[35] McDowell, Colin. "Dress Sense," *Sunday Times Style*, July 27, 1997.

引述:

p. 53 "Her influence…" MacFarquar, Larissa. "The Mad Muse of Waterloo," *New Yorker*, March 19, 2001, p.103.

第 III 章

*

纪梵希时代

[1] Heller, Richard. "Fashion's Hard Case," *Forbes Global*, September 16, 2002.

[2] Blanchard, Tamsin. "Fashion McQueen," *Independent*, October 14, 1996.

[3] "McQueen Hasn't Decided He Wants the Givenchy Post," *WWD*, September 27, 1996, p.2.

[4] "McQueen: He'll Do It His Way," *Women's Wear Daily*, October 15, 1996 and "Alexandre de Paris," *W Magazine*, December 1996. McQueen was not entirely correct, however. There were other couturiers, but Lincolnshire-born Charles Frederick Worth (1826-1895) was the first "dictator" of fashion, lampooned by Charles Dickens as the "Man Milliner," whose designs launched in Paris impacted on the way women dressed across the globe. Worth's influence was to be felt, however, in McQueen's upcoming collections and not in the work he did for Givenchy.

[5] Herbert, Susannah. "When I See Fashion Now, I Suffer," *Daily Telegraph*, January 15, 1998.

[6] Rocha, Miles. "McQueen at Givenchy: Will His Reign End?" *Women's Wear Daily*, September 13, 2000.

[7] Hume, Marion. "Working-Class Lads of Haute Couture," *Financial Times Weekend*, October 19/20, 1996.

[8] Frankel, Susannah. "Wings of Desire," *Guardian Weekend*, January 25, 1997.

[9] Frankel, Susannah. "Bull in a China Shop," *Guardian*, October 15, 1996.

[10] Hilton, Als. "Gear," *New Yorker*, March 17, 1997.

[11] "I would never even think of using white and gold…" Ibid. 12 McDowell, Colin. "Dress Sense," *Sunday Times Style*, July 27, 1997.

[13] Als, Hilton. "Gear: Can the Young Eccentrics of the Suddenly Hip British Fashion Scene Survive Success?', *New Yorker*, March 17 1997, p. 95.

[14] Frankel, Susannah. "Wings of Desire," *Guardian Weekend*, January 25, 1997.

[15] Polan, Brenda. "Couture of a Cabbie's Son," *Daily Mail*, January 20, 1997.

[16] Sykes, Plum. "Couture Kid," *Vogue*, April 1997.

[17] V., Lorna, "All Hail McQueen," *Time Out*, September 24-October 1, 1997.

[18] McDowell, Colin. "No Business Like Show Business," *Sunday Times Style*, March 9, 1997.

[19] Quick, Harriet. "His Majesty McQueen," *Sunday Telegraph*, March 16, 1997.

[20] Alexander, Hilary. "Fashion Enjoys Putting on the Brits," *Daily Telegraph*, March 13, 1997.

[21] Brampton, Sally. "McQueen's Head Rules His Heart," *Guardian*, March 13, 1997.

[22] Thomas, Dana. "The Eccentrics of a Couturier," *Newsweek*, February 19, 2010.

[23] Ungless, Simon. Interview with the author, February 25, 2012.

[24] Hume, Marion. "Scissorhands," *Harper's & Queen*, August 1996.

[25] Spencer, Mimi. "Animal Magic," *Evening Standard*, July 8, 1997.

[26] Frankel, Susannah. "Animals Wear Well in New Image of Anarchy," *Guardian*, July 8, 1997.

[27] Menkes, Suzy. "McQueen's Dance of the Macabre," *International Herald Tribune*, July 8, 1997.

[28] Sykes, Plum. "Couture Kid," *Vogue*, April 1997.

[29] Betts, Katharine. "McCabre McQueen," American *Vogue*, October 1997.

[30] *The Face*, November 1996.

[31] Ballard, Bettina. *In My Fashion*, David Mckay, New York, 1960, p.259.

[32] Herbert, Susannah. "When I See Fashion Now, I Suffer," *Daily Telegraph*, January 15, 1998.

[33] Rocha, Miles. "McQueen at Givenchy: Will His Reign End?," *Women's Wear Daily*, September 13, 2000.

[34] Ungless, Simon. Interview with the author, February 25, 2012.

第 Ⅳ 章

*

伦敦系列

[1] McKitterick, John. Interview with the author, January 2012.

[2] Hanson, A.M. Interview with the author, February 2012.

[3] Ungless, Simon. Interview with the author, February 25, 2012.

[4] McDowell, Colin. "Alexander McQueen," *Sunday Times Style*, March 3, 1996.

[5] Menkes, Suzy. "The Macabre and the Poetic," *International Herald Tribune*, March 5 1996, p.10.

[6] Total cost of show was estimated at £70,000 to stage with additional help from ICI and the rest made up by

McQueen. Spencer, Mimi. "McQueen Rains as the King," *Evening Standard*, September 29, 1997.

[7] "McQueen Rains as the King," ibid.

[8] Fallon, James. "McQueen: He'll Do It His Way," *Women's Wear Daily*, October 15, 1996.

[9] Rickey, Melanie. "McQueen Takes London By Storm," *The Independent*, September 29, 1997.

[10] V., Laura. "All Hail McQueen," *Time Out*, September 24–October 1, 1997.

[11] Hanson, A.M. Interview with the author, February 2012.

[12] Inscription from McQueen on the Central Saint Martins' edition of *The Face*, April 1998.

[13] "London: Pip Pip Hooray," *Women's Wear Daily*, February 27, 1998.

[14] "Speaking English," *Women's Wear Daily*, September 29, 1998.

[15] *i-D*, January/February, 1999.

[16] Durst, Andre. Schiaparelli A/W 1936-1937, "Rope hurtling out of oblivion, surrealist-fashion, spring-coiling over a purple satin dress," *Vogue*, February 5, 1936, p.53.

[17] Mower, Sarah. *Style.com.*

[18] Dunn, Joseph. "Role Model," *Sunday Times Style*, October 14, 1998.

[19] Quinn, Sue. "Disabled Aimee Takes Centre Stage," *Guardian*, September 28, 1998.

[20] Mills, Simon. "Backstage with the McQueen of New York," September 20, 1999.

[21] Foley, Bridget. "The Alexander Method," *Women's Wear Daily*, August 30, 1999.

[22] "McQueen Madness," *Women's Wear Daily*, September 21, 1999.

[23] Mills, Simon. "Backstage with the McQueen of New York," September 20, 1999.

[24] "Purple," *Alexander McQueen: Savage Beauty*, Yale University Press, 2007, p.150.

[25] Mower, Sarah. *Style.com.*

[26] Frankel, Susannah. *Independent*, September 28, 2000.

[27] McDowell, Colin; Woods, Richard; Gage, Simon. "Boy Done Good," *Sunday Times*, December 10, 2000.

[28] Fallon, James. "The McQueen Chronicles," *Women's Wear Daily*, September 28, 2000.

[29] Ibid.

[30] Fallon, James. "McQueen's New Deal," *Women's Wear Daily*, February 23, 2001.

[31] Ibid.

第 V 章

*

在古驰的日子

[1] Fallon, James. "Meet Alexander the Shopkeeper," *Women's Wear Daily*, November 23, 1999.

[2] Croft, Claudia. "McQueen Goes Shopping," *Evening Standard*, November 1, 1999.

[3] Isabella Blow was always adamant that she had performed the introduction to the Gucci Group, from conversation with author, 2003.

[4] Heller, Richard. "Fashion's Hard Case," *Forbes Global*, September 16, 2002.

[5] Fallon, James. "McQueen's New Deal," *Women's Wear Daily*, February 23, 2001.

[6] Ibid.

[7] Menkes, Suzy. "Mr. Letterhead: McQueen Shows a Corporate Side," *International Herald Tribune*, September 18, 2001.

[8] Davis, Maggie. "The Boy is Back in Town," *Evening Standard Magazine*, January 4, 2002.

[9] D'Souza, Christa. "McQueen and Country," *Observer*, March 4, 2001.

[10] "Self Service," S/S 2002 and *Alexander McQueen: Savage Beauty*, Metropolitan Museum of Art, 2011, p.30.

[11] Blanchard, Tamsin. "Blow By Blow," *Observer*, June 23, 2002.

[12] Fallon, James. "McQueen's New Deal," *Women's Wear Daily*, February 23, 2001.

[13] Wilson, Anamaria. "An Encounter With McQueen," *Women's Wear Daily*, August 1, 2002.

[14] Quick, Harriet. "Killer Queen," *Vogue*, October 2002.

[15] Ibid.

[16] Armstrong, Lisa. "Go to Gucci… I'd Rather Die", *Times*, March 3, 2003.

[17] At the Jean Paul Gaultier A/W 2003-4 show, security guards had bundled protesters off the runway in fur wraps, a misguided action which was met with disapproval in the press.

[18] Porter, Charlie. "On Target: British Designers Prove a Hit in Paris," *Guardian*, March 10, 2003.

[19] Chamberlain, Vassi. "Lean, Mean McQueen," *Tatler*, February 2004.

[20] Frankel, Susanna. "McQueen is Gifted Enough to Persuade Women to Take Risks," *Independent*, June 12, 2003.

[21] Chamberlain, Vassi. "Lean, Mean McQueen," *Tatler*, February 2004.

[22] Ibid.

[23] "McQueen Said to Turn Down YSL Post," *WWD/Global*, February 2004.

[24] Bilmes, Alex. "McQueen: The Interview," *GQ*, May 2004.

[25] Goldstein Crowe, Lauren. *Isabella Blow: A Life in Fashion*, Quartet Books, 2011, p.178. Also: Goldstein, Lauren. "The Guys From Gucci," *Time*, April 9, 2001.

[26] Goldstein Crowe, Lauren. *Isabella Blow: A Life in Fashion*, ibid.

[27] Cartner-Morley, Jess."The Boy Done Good," *Guardian*, September 19, 2005.

[28] Mower, Sarah. *Style.com*, Alexander McQueen, A/W, 2005-6.

[29] Ibid.

[30] Lowthorpe, Rebecca. "The Boy Is Back in Town," *Elle*, September 2006.

[31] Frankel, Susannah. *Alexander McQueen: Savage Beauty*, Metropolitan Museum of Art, 2011, p.111.

[32] This became a house signature, masterfully executed by Sarah Burton for Alexander McQueen in the case of Pippa Middleton's bridesmaid's dress for the wedding of the Duke and Duchess of Cambridge in 2011.

[33] Played by Björn Andrésen.

[34] An earlier version by Philip Treacy in the muddy red of the original was worn by Isabella Blow in the early 1990s.

[35] Multi-breasted sculpture of Artemis at Ephesus. *Purple Fashion Magazine*, 2007.

[36] Inspired in part by the collars of the over-gowns of the mid-fifteenth century, pulled back and out from the body by the cut and weight of fabric.

[37] The bowerbird is native to parts of Australia and Papua New Guinea.

[38] Frankel, Susannah. "The Real McQueen," *Harper's Bazaar*, April, 2007.

[39] Ibid.

[40] Frankel, Susannah. "Oh Cleopatra! McQueen's Luxe Partywear for a Pagan Princess," *Independent*, March 3, 2007.

[41] Foley, Bridget. "The Real McQueen," *Women's Wear Daily*, June 2008.

[42] Frankel, Susannah. "Collections Report," *AnOther Magazine*, S/S 2008, p.222 and Frankel, Susannah. *Alexander McQueen: Savage Beauty*, Metropolitan Museum of Art, 2011, p.26.

[44] Collections Report," ibid.

[45] Aimed at reducing greenhouse gases by 80 per cent by 2050 in line with the Kyoto Protocol.

[46] McQueen's deal with Target was to produce a line of inexpensive clothes and accessories for one season, with the top price of $129.99, launching its "Designer Collaborations" range.

[47] Wilson, Eric. "McQueen Leaves Fashion in Ruins," *New York Times*, March 11, 2009.

引述:

p.200 "What attracted me to Alexander…" Hoare, Sarajane. "God Save McQueen," *Harper's Bazaar*, June 1996.

p.146 "He gave woman power…" Kate Moss, *Harper's Bazaar*, May 2011.

第 VI 章

*

最后的时光和遗产

───────────

[1] Hitchens, Peter. "Is St Paul's the Place for a Fashion Show?," *Daily Mail*, September 27, 2010.

[2] Watson, Linda. "Courtly Gestures," *Vogue*, December 1990.

[3] *Harper's Bazaar*, May 2011.

致　谢

*

───────

With thanks to: Neil Adams, Carmen Artigas, Virginia Bates, Kate Bernard, Lucy Birley, Dr Stephen Brogan, Manuela Candido, Les Child, Simon Costin, Walid Al-Damirji, Fiona Dealey, Danny Gibbs, Andrew Groves, Daphne Guinness, A.M. Hanson, Bobby Hillson, David Holah, Camilla Lowther, John McKitterick, Donatella Moores, Susanne Oberbeck, Leon Powell, Antony Price, Cressida Pye, Anda Rowland, Vicki Sarge, James Sherwood, Alice Smith, Sue Stemp, Lise Strathdee, Nadja Swarovski, Derrick Tomlinson, Trixie/Nicholas Townsend, Koji Tatsuno, Simon Ungless and Katie Webb.

Thanks to my colleagues at Central Saint Martins College of Art and Design: Anna Buruma, curator and Judy Lindsay, Head of Museum and Study Collection; Hywel Davies, Alex Duncan, Assistant Librarian (Fashion and Textiles) and Lee Widdows for their support and help. At Kingston University Design School, Faculty of Design, Art, Design, Architecture, Professor of Design, Jane Harris and Elinor Renfrew, Academic Director, Fashion. Special thanks for additional image research to Florence Bridge, Jack Cassidy, Chris Cowan and Phoebe Lowndes, youngsters all, who learnt through the experience of researching Alexander McQueen's work just what fashion can be.

Many thanks too to my editor Lisa Dyer, who made this possible, and to the team at Carlton Books.

333

图 片 版 权 声 明

*

———————

The publishers would like to thank the following
sources for their kind permission to reproduce the
pictures in this book.

Key: t=Top, b=Bottom, c=Centre, l=Left and
r=Right

Art + Commerce: /Craig McDean: 160, 172, 258,
277, /Carter Smith: 228, /Sølve Sundsbø: VIII–IX, 253,
260-261, 290-291, 312

Copyright Carmen Artigas: 30, 31, 29, 28

© BBC Photo Library: 54

Camera Press: /Mark Harrison: 219, /Tim Jenkins:
298,
/Charlotte Macpherson: 97r, /Mitchell Sams: 233, /
Anthea Simms: 9, 27t, 27b, 63r, 88, 91, 93, 104, 151,
166, 167l, 179, 196, 202, 224, 248, 251, 273, 290, 300,
308

© Carlton Books: /Photo by Karl Adamson/Coat
and Jackets courtesy Alice Smith of Smith & Pye: 41,
322t, 322c, 322b, 55, 56, 57, 98, 321

Image courtesy Catherine Edelman Gallery, Chicago:
/Portrait of Joel by Cynthia, NM, 1984 © Joel-Peter
Witkin: 97t,
/Sanitariam, NM, 1983 © Joel-Peter Witkin: 24

Catwalking.com: IV, 315tr, 314tc, 314bl, 314l, 315bc,
314tl, 2r, 314c, 314cr, 2bcr, 314tr, 71, 74, 75, 76, 78,
79r, 79l, 83, 85, 84, 80, 94, 102, 105, 107, 114, 123,
131, 132, 137b, 138b, 138t, 148, 164, 168, 180-181, 189,
257t, 257b, 262, 267l, 267r, 272, 271, 282t, 309, 311,
38, 314br, 23, 142, 315bl, 315tl, 39, 315tc, 315c, 47,
315br, 4b, 171, 315cr, 316l, 22

Courtesy of Central Saint Martins College of Arts
and Design Library: 112, /Photo © Nick Knight/
trunkarchive.com: 159, 163

© The Condé Nast Publications Ltd.: /Oberto Gili /
Vogue: 35

Corbis: 200t, /Ruven Afanador /Corbis Outline:
226-227, /J.G.Barthelemy /EPA: 314bc, /Stephane
Cardinale /People Avenue: 234, 238-239, 240, /©
Joseph Cultice /Corbis Outline: 336-337, /Yves
Forestier /Sygma: 134, /John P. Midgley /Corbis
Outline: 237,
/Reuters: 214-215, /Pierre Vauthey /Sygma: 121b, /
WWD /Condé Nast: 206, 211, 213, 210, 216, 242,
282b, 287, 306, 296
Simon Costin: 4-5, 42, 120

图书在版编目 (CIP) 数据

亚历山大·麦昆/（英）沃特（Watt, J.）著；邓悦现译 .—重庆：重庆大学出版社，2014. 10（2021.4 重印）

（时尚文化丛书）

书名原文：Alexander McQueen：Fashion Visionary

ISBN 978-7-5624-8215-4

Ⅰ.①亚…　Ⅱ.①沃…②邓…　Ⅲ.①麦昆，A.（1969～2010）—生平事迹 Ⅳ.① K835.615.72

中国版本图书馆 CIP 数据核字（2014）第 109497 号

时尚文化丛书

亚历山大·麦昆

（英）朱迪斯·沃特　著

邓悦现　译

策划编辑：张　维
责任编辑：席远航　杨莎莎
责任校对：谢　芳

重庆大学出版社出版发行
出版人：饶帮华
社址：（401331）重庆市沙坪坝区大学城西路 21 号
网址：http://www.cqup.com.cn
天津图文方嘉印刷有限公司印刷

开本：720mm×970mm　1/16　印张：22.25　字数：298 千字
2014 年 10 月第 1 版　2021 年 4 月第 6 次印刷
ISBN 978-7-5624-8215-4　定价：88.00 元

ALEXANDER MCQUEEN:FASHION VISIONARY (US
TITLE:ALEXANDER MCQUEEN:THE LIFE AND THE
LEGACY)

by

JUDITH WATT

Foreword © Daphne Guinness 2012

Text © Judith Watt 2012

This edition arranged with CARLTON BOOKS

through Big Apple Agency,Inc.,Labuan,Malaysia.

Simplified Chinese edition copyright:

2014   CHONG QING UNIVERSITY PRESS

版贸核渝字（2013）第 34 号